外国語の非−常識
―ことばの真実と謎を追い求めて―

小笠原　真司　共編
廣江　顕

英宝社

はしがき

　本書は、長崎大学言語教育研究センター長稲田俊明教授がご退官になるのを記念して刊行されたものである。執筆者は、言語教育研究センターに勤務する教員、それ以外の部局でも稲田先生と業務を行う上で関わりが深くお世話になった教員、また長崎大学以外の大学に勤務する教員で稲田先生の指導を受けた教員らから主に構成されている。

　稲田先生は、平成 24 年 3 月まで九州大学に奉職された後、長崎大学に赴任され、同年 4 月に言語教育研究センターが設立されると同時にセンター長としてその任に就かれた。それ以降、教養教育外国語科目の統括・運営の任にあたられる一方で、外国語教育を行う上で基盤となる外国語そのものの多角的研究、また外国語教育の研究を推進する環境整備にも貢献され、言語教育研究センターの礎を築いてこられたと言ってよい。学生への English Café の提供、3-Step e-learning システムを学生の自主的な学習の一助とするための取り組み、外国語プレゼンテーションコンテストの開催、英語学習支援室の設置等々、その功績は多岐にわたっているが、そこで稲田先生が一貫して学生に出されてきたメッセージは、外国語の学習というものは、本来、押しつけられてやるものではなく、学生の自律的な学習意欲によってこそ増進するということであった。

　こうしたメッセージを受けとめ得た学生は、中・長期の海外留学、大学院、核兵器廃絶を訴える長崎ユース代表団、外務省対日理解促進プログラムのひとつであるカケハシ・プロジェクト派遣学生、というそれぞれの形で活躍することとなり、立派に巣立っていった。

　本書は、論文集といった堅苦しい形式のものではなく、稲田先生のご希望により、一般の読者を想定して書かれ編まれたもので、特に、何らかの形で教育に携わる方々に読んでいただければ幸いである。語学、文学、教育を中心とした分野で、いままで巷間に流布されていた外国語に関する知識の断片、あるいはそれ以外の分野でも、実は知らなかった、正しいものではなかったということが読者に理解していただければ、本

書の目的はほぼ達成されたと言ってよいかと思う。
　いま教育界では、学んだことを知識として身につけるだけでなく、それを咀嚼し自分のことばで発信する、言わば「発信力」も身に付くよう指導することが併せて求められている。その一方で、何らかの主張を発信していくプロセスにおいて、論理的思考・批判的思考・創造的思考を土台にして、これまでになかった、正しく新しい主張を行っていく契機として少しでも役立つものになればというのが本書のタイトルに込められた願いである。

　　　　　　　　　　　　　　　　　　　　　　　　　廣江　顕

目　次

[言語学・英語学]

分詞構文に関する非―常識
　　　　　　　　　　　　　　　　　　　廣江　顕　　5

二重目的語構文の受動文
　―今とむかし―
　　　　　　　　　　　　　　　　　　　松元　浩一　　17

ひっくり返すとどうなるの？
　―倒置文の機能と法則―
　　　　　　　　　　　　　　　　　　　谷川　晋一　　31

空所の穴埋めとことばの仕組み
　　　　　　　　　　　　　　　　　　　稲田　俊一郎　　41

はじめての日中対照言語学
　―語順と構造―
　　　　　　　　　　　　　　　　　　　徐　佩伶　　55

「反比例」ってどんな関係？
　　　　　　　　　　　　　　　　　　　水本　豪　　67

[言語習得論]

子どものことばから大人の文法が見える！
　―日本語の主語の格助詞に注目して―
　　　　　　　　　　　　　　　　　　　團迫　雅彦　　79

誤りを楽しむ第二言語習得論
　　　　　　　　　　　　　　　　　　　隈上　麻衣　　89

［コミュニケーション論］
豊かな心でことばを使う
　　―「感情」を抑えつけないコミュニケーション― 　　　古村　由美子　103

「正しい」英語とはなにか？
　　―「リンガ・フランカとしての英語（ELF）」からのアプローチ― 　丸山　真純　113

［文学］
小説からみたヨーロッパの温泉
　　―古代から現代に続く「癒し」を探る― 　　　　　　　　　　　大橋　絵理　127

マンスフィールドが描くニュージーランドの女性像
　　―性別分業へのまなざし― 　　　　　　　　　　　　　　　　　大谷　英理果　139

［英語教育学］
やる気を起こすために必要なこと
　　―「興味」と「自律性」を高める授業を考える― 　　　　　　　奥田　阿子　153

「仰げば尊し」の謎
　　―原曲のルーツを探る― 　　　　　　　　　　　　　　　　　　小笠原　真司　165

編集後記　　　　　　　　　　　　　　　　　　　　　　　　　　　　　　　　　179

外国語の非―常識

―ことばの真実と謎を追い求めて―

言語学・英語学

分詞構文に関する非-常識

廣江　顕

I　はじめに

　大学での授業，あるいは個人的な指導を通して学生と接する際，いつも心掛けていることがあります．それは，世の中のさまざまな事象・事実の分析・説明と信じられているものには，案外いい加減で，信じるに足りないものがおおく，そのようないかがわしい分析・説明に対しては，必ず一度は疑ってかかり，論理的かつ批判的に考えてみる必要があるという認識を学生にもたせることです．私はそのようないい加減な分析・説明を「非常識」と呼ぶことにしていて，その一方で，正しい分析・説明のことを「非-常識」と呼ぶことにしています．

　大学という高等教育機関における教育目標というものは，それぞれの大学，それぞれの部局によって異なりますが，目標の違いを超えて，論理的思考，批判的思考，それに創造的思考を組み合わせながら，所謂非常識が真実かどうかを見極め，そこから非-常識を剔出し世の中に発信していくことに収斂すると考えています．このエッセイは，まさにそうした趣旨で書かれたものです．

　高等学校で習う，英文法の教科書に必ず出てくる「**分詞構文**（participial construction）」という項目で，英語教師によって教えられている説明には，まさにこのエッセイで言うところの「非常識」というカテゴリーに属すると考えられるものがあります．高等学校の教科書で出てくるようなものだからこそ，多くの日本人が非常識を信じ込まされていると言えます．分詞構文はどのような**使用域**（language register）で用いられるものなのか，それにどのような要素をどの程度**省略**することが

できるのかという二つの問いを立て，その問いを考察していくプロセスを可能な限り読者と共有しながら，分詞構文に関する非―常識を明らかにしていきます．

　本エッセイの構成は，以下の通りです．次節では，高等学校で教えられていることとは異なり，分詞構文は話し言葉（口語体）でも頻繁に使われる表現であることを，実例を挙げながら指摘し，プレゼンや会議等の機会で読者に是非使ってもらいたい分詞構文を提示します．次々節では，分詞構文で省略可能と教えられている要素が，必ずしもそうではない場合があることを示し，一般にはなかなか考える機会がない特性を考察することにします．最後の節は結論です．

II　学校現場で分詞構文はどう教えられているか？

　中学校・高等学校で教えられている英文法は，「学校文法」と所謂カッコ付きで呼ぶことに私はしています．というのは，英語母語話者が自然に使っている英語を踏まえれば，どう考えても見通しの悪い，規則に対する例外が簡単に見つかるような教え方をしているとしか思えないことが少なからずあるからです．英語学という学問分野で随分以前から指摘され，主に中学校・高等学校の英語教師が読むような雑誌でも度々取り上げられているにもかかわらず，なかなか改まらないのはなぜでしょうか．

　具体例で検討してみましょう．

(1)　a.　"(N)either / (n)John or I (am, are, is) a student. Do we have to show our passports to you?"
　　　b.　(Am, Are, Is)(N)either / (n)John or I a student?

Neither A nor B「AもBもどちらも〜でない」， either A or B「AかBかどちらか一方」は「学校文法」でお馴染みの表現だと思います．(1a)でカッコ内のbe動詞を主語のJohnに一致させるかIに一致させるかが

問われていますが，学校ではいずれも B に一致させると教えられ，(1a) では am が正解となります．

　(1a) の場合は問題なさそうですが，(1b) の場合はどうでしょうか．B に一致させるという学校での教え方に従えば，回答は Am となるはずですが，事実はそうではありません．正解は Is となります．(1b) のような単純な事実を見ただけでも「(N)either A (n)or B は B に一致させる」という学校での教え方には反例があることがわかります．

　こどもが個別言語を獲得していく過程を研究する言語獲得という観点から考察すれば，「B に一致させる」などという規則を英語母語話者が習得するわけがありません．(1) の事実から，動詞に一番近い主語に一致させていることは明らかでしょう．近い主語，多少難しい言い方をすれば，(構造的に) 隣接している主語に一致させよ，という至極単純な規則でしかありません．

　では，本題に戻ることにしましょう．分詞構文は高等学校で初めて教科書に出てくる項目ですが，文体としては書き言葉 (文語体) で使われるもので，口語体では使わない，と教えられるのがふつうだと思います．ところが，メディアのインタビュー，対談，様々なプレゼンテーション等々で，結構頻繁に使われていることがわかります．以下の例を見てみましょう．

(2) a. Generally speaking, people from the south are more hospitable.
　　b. Generally speaking, Japanese food is very healthy.
(3) a. Judging from his actions, we know he is smart.
　　b. Judging from experience, the test is going to be difficult.
(4) a. Speaking of romance, did you hear about Mike and Julia?
　　b. Speaking of problems, I need to finish my taxes.
(5) a. Considering the importance of education, the school board needs to make a lot of changes.
　　b. Considering her opinions about childcare, she might not find the right place for her son.

(6) a. Frankly speaking, it's not so important right now.
　　b. Frankly speaking, we don't have enough time to finish it.
(7) a. Seeing that a million children starve every year, what are we doing to solve the problem?
　　b. Seeing that there are several reasons to quit smoking, more people should be quitting each day.
(8) a. Granting that we get there early, we should go see the museum first.
　　b. Granting that his wife is out of town, maybe we can get together.
(9) a. Assuming that he didn't see it already, we should go watch the new Terminator film.
　　b. Assuming you've already finished, let's just start a new one.
(10) a. Given that his astrological sign is Sagittarius, it is no surprise he is so energetic.
　　 b. Given that we all eat at the same table, we should respect each other's needs for privacy.

上記 (2)-(10) の例は，英語母語話者が自然に発話しているデータから抽出したもので，これらのデータを見れば，分詞構文のなかには，文語体だけでなく，口語体でも用いられるものが数多くあることがわかります．

さらに，上記 (2)-(10) の例と比較しますと，使用される文脈が多少限られますが，以下のような分詞構文も口語体で観察されます．

(11) a. Having said that, we should continue with our plans.
　　 b. Having said that, you can do whatever you want.
(12) a. That being said, the red one is the best option.
　　 b. That being said, she might want a second opinion.

(11)-(12) の having said that/that being said はいずれも despite what has just been said，つまり「そうは言っても」という意味で，会議やプレゼ

ンの現場などで，発表者が何かしらの主張を行った後，その主張とは異なる，あるいは反論となるような主張を付け加えるような場面で頻繁に観察される表現です．前後の論理関係は，以下の例を見れば明白でしょう．

(13) He forgets most things, but having said that, he always remembers my birthday.

　以上の事実から，分詞構文は文語体で用いられると教えることには問題があることがわかります．最近の英語教育では，自分の考えや主張を発信することが比較的早い段階から推奨されていますが，上記で列挙した分詞構文は，談話間（コンテキスト間）の論理関係を明示する大切な役割も担っていて，一定の内容を英語で発信する際に，大いに利用してほしい表現です．

III　分詞構文中の要素の省略

　分詞構文において，どのような要素が省略できるかと高等学校の英語教師に質問すれば，ほどんどの英語教師が，文頭の being/having been と回答すると思います（カッコは，カッコ内の要素が省略できることを表しています）．

(14) a. (Being) written in easy English, this book is suitable for beginners.
　　 b. (Having been) brought up in the country, he likes earthy music.

説明の便宜上，いきなり核心には入らずに，筆者の思考過程をわかりやすく解説するために，順を追って考えてみましょう．
　分詞構文において，(14)のような環境になるためには，まず分詞構文の主語と主節主語が一致していなければいけません．

(15) a. <u>As this book is written in easy English</u>, this book is . . .
　　b. <u>As he was brought up in the country</u>, he . . .

　（15）の下線部は，（14）の分詞構文を，接続詞を伴った英文にそれぞれ復元したものです．まず，（15a）（15b）の下線部で接続詞が省略され，（15a）では分詞構文の this book が，（15b）では he が，それぞれ主節の主語と一致しているために省略されます．省略現象というのは，一般に言語の文法特性のひとつであり，言語一般の経済性の原理に還元できると考えられている現象です．次に，is が主節と時制が同じことから being に，was は主節の時制とは異なるため，having been にそれぞれ変換され，最終的に being/having been に省略操作がかかり，（14）の分詞構文が完成することになります．
　　分詞構文の主語と主節主語が一致しない場合は，省略することはできません．その場合の分詞構文は，「独立分詞構文」と呼ばれます．

(16) a. All things considered, you should not take the risk.
　　b. The season being over, I was my own master.
(17) a. There being nothing more to do, we continued paying cards.
　　b. Night coming on, the party stopped the plan.
　　c. I took the chair, my staff debating.

例えば，（16a）で all things は主節の主語の you とは異なりますから，all things に省略操作はかからないということになり，そのまま残ることとなります．
　　さて，ここまで見た限りでは，分詞構文の being/having been は省略可能という主張には瑕疵が無さそうです．では，以下（18）のような例はどうでしょうか．（14）のような典型例とは違って，（18a）（18b）の分詞構文はそれぞれ僅か2語また3語ずつで構成されている例で，いずれもネット上のサイトから引用したものです．

(18) a. Being happy, I will tell someone the whole story.
　　b. Having been divorced, she is now married to Prince of Wales.
　　（*https://detail.chiebukuro.yahoo.co.jp/qa/question_detail/q1415631784*）

　このサイトでは，分詞構文に関する「「having been 形容詞・名詞」の場合も省略できるのでしょうか」という質問に，具体的な例文を示さずに，「できないことはありません」との回答があり，続けて，(18a) を提示して「being を省略できるのでしょうか」との質問に，「普通はしません」という回答がそれぞれなされ，質問に対する「ベストアンサー」に選ばれています．できないことはないというのは，できる場合があると主張していることになりますが，ではどういう場合に省略できるのか．また，普通はしないということは，省略する場合もあるということになりますが，ではどういう場合に省略できるのか，等々の疑問には，残念なことに一切説明がなされていません．このような曖昧な，説明にすらなり得てないと考えられる回答が「ベストアンサー」になぜ選ばれているのか理解に苦しみます．
　この回答者は，例えば (18a) で，Being happy の Being が省略され happy だけ残っても，分詞構文の特性はそのまま残っている，つまり，分詞構文であり続けていると主張していることになります．別の言い方をすれば，(18a) で仮に（Being）happy として，「この Being は省略できますか」とインフォーマントに判断を求めれば，分詞構文としての解釈を強制していることになってしまい，正しいインフォーマント・チェックとは言えません．
　余談ですが，英語母語話者のインフォーマントに例文を示して判断を求める場合，注意を要する場合が少なからずあります．ひとつは，どういうインフォーマントに判断を求めるか，もうひとつは，データをどういう仕方で提示するかに気をつけなければいけません．前者に関して，日本語についての判断を逆に求められた場合のことを想定するとよく分かると思います．例えば，「太郎がお金持ちなのは本当です」と「太郎はお金持ちなのは本当です」という二つの文を見せられて，「二つの文

はどう意味が違いますか」,「それはなぜですか」と聞かれても,答えに窮するのがふつうだと思います（ちなみに,後者の文が前者の文より不自然な感じがするという方は,ことばに対する鋭敏な直観をお持ちの方だと思います）.だからこそこうした判断は,母語に対して鋭い内省的な直感を持っている言語学者に聞くのが一番です.（言語学者が身近にいるという環境はなかなか無いとは思いますが・・.）

　それならば,英語を教えることを職業にしている母語話者に聞いたらいいのではないでしょうか,という反論が聞こえてきそうです.ですが,そうした職業の英語母語話者には規範的な判断をする方が結構多く,このエッセイで取り上げているような周辺的な,つまり,ふつうは訊ねられることのない言語事実を提示してしまうと,十把一絡げに文法的な英文ではない,つまり非文だと判断してしまうことがよくあります.

　もうひとつは,文法性の判断基準の問題があります.英語母語話者のなかには,データで判断を求められているような英文を見たことがない,自分は絶対にそのような文は話さないといった理由で非文だと判断してしまう話者がいますが,そういうものではありません.文法性に関するデータ判断というものは,当該データが成立するような可能世界を想定し,かつ追求してはじめて行えるものです.

　話を元に戻しましょう.(18a)でBeingが省略された場合,つまり,Beingが省略されている事実を英語母語話者のインフォーマントに告げずに(18a)を見せた場合,happyは「二次述語(secondary predicate)」と判断されてしまうことがおおいようです.

　では,二次述語の具体例を見てみましょう.

(19) a. Mary pounded the metal dizzy.
　　　　（メアリーは眩暈を覚えながらその金属を叩いて潰した）
　　 b. Sue often makes pots naked.
　　　　（スーは裸のままでよく植木鉢を作ります）

（19a）の dizzy, (19b) の naked がそれぞれ二次述語の例です．二次述語というは，二次的な叙述関係を表し，(19a) で Mary pounded the metal（メアリーが金属を叩いて潰した）という一時的な叙述関係に加えて，Mary was dizzy（眩暈がしていた）ことを付け加えたものです．

　ということは，(18a) では「嬉しかったので」という，主節の理由としての解釈，つまり分詞構文としての解釈にはならず，「嬉しそうに，私は誰かにその話を全部話します」という二次述語として解釈されるのが自然な解釈だと言えます．

　次に，(18b) を検討してみましょう．Having been が省略された場合，英語の母語話者は（15b）をかなり不自然な文，なかには非文だと判断する話者もいるようです．Prince of Wales と結婚できるのは，常識的に考えて divorced した後です（そうでなければ，重婚になってしまいます）．したがって，そこには時間のズレがなければいけません．Having been を省略してしまうと，その時間的なズレが示せなくなってしまい，不自然な文あるいは非文だとインフォーマントが判断してしまうわけです．

　証拠となる例文を提示し，インフォーマントの判断を添えた形での回答ではありませんでしたが，二次述語としての解釈に多少なりとも言及し考察を加えた回答が，実は同サイトにはありました．むしろその回答のほうが，ベストアンサーに選ばれる回答だったのではないでしょうか．

　これまで考察したことから，(18a) のようなタイプの分詞構文に関する限り，being が省略可能なデータは無いという結論に至ってしまいそうです．無いことを証明するのは「悪魔の証明」になってしまいます．ですが，見つけるのは極めて困難でしたが，次のようなデータを発見しました．このデータは，言語学（音声学）を専門とするアメリカ人大学教授との電子メールによる私信で，実際に使われたものです．体調がしばらく不例だったため，連絡が疎かになっていた際，お叱りのメールを私がいただいた際のメール文の一部です．

(20)（Being）even sick, you should have sent me an email.
　　=If you were even sick, you should have sent me an email.

(20)のようなデータが一度見つかると，インフォーマントからは以下のようなデータが次々と引き出せます．

(21) a. Even tired, I wanted to watch the television show.
　　 b. Often sick, he rarely saw another person outside his home.
　　 c. Almost asleep, he made his way to the bedroom.
　　 d. Barely awake, he reached for a cup of coffee.
　　 e. Rather than angry, try to be happy.
(22) a. Even a doctor, he couldn't figure out what was wrong with the woman.
　　 b. Often the team leader, he has good ideas for the program.
　　 c. Barely an employee, he didn't know much about business.
　　 d. Almost 18 years old, he was ready to become an adult.
　　 e. Rather than an astronaut, he wanted to be an artist.
　　 f. Now a certified teacher, he began to understand the challenges of his profession.

(21a-e)の分詞構文は，形容詞句のみ，(22a-f)は名詞句のみで，それぞれ分詞構文が成立している例で，すべてbeingが省略されている例です．

　この節の考察から，分詞構文の冒頭のbeing/havingは必ずしも省略されるわけではなく，省略できない場合もあることがわかりました．

IV　おわりに

　以上，分詞構文の使用域と省略要素に関して，多くの日本人が高校時代に習った知識には問題があることを主張してきました．そう言うと，「高等学校で初めて分詞構文を習うのですから，まずは基礎的なことか

ら身につけるべきで，そんな重箱の隅をつついてどうするんですか！」といったお叱りの声が聞こえてきそうですが，そうしたお叱りの声には，実は議論のすり替えが行われていることに賢明な読者はお気づきのはずです．ここで問題にしているのは，教えられる側ではなくて，教える側です．英語教師が英語という言語の本来の姿がどういうものなのかをわかって教えるのと，わからずに教えるのには大きな差があることを，読者にご認識いただきたいというのがこの短いエッセイでの私の願いです．

　最後に，もうひと言．きちんとした筋道を立てて物事の考察を深めていくと，また新しい問題に出くわすことがあります．これこそ，非―常識という真実を突き止めた後，往々にして顔を出す副産物で，また同時に面白さでもあります．

　前節で，「独立分詞構文」に言及しましたが，独立分詞構文と数々の点で類似した表現が英語には存在します．

(23) a.　(With) the sun shining, John went for a walk.
　　 b.　(With) there being so many tourists in the city, the tourist business is booming.
　　 c.　(With) the audience applauding, Madonna stepped up to the stage.

(23) で観察される with は，「〜しながら」と解釈される付帯状況を表すと，「学校文法」の教科書にはそう書かれていますが，(23a) と (23b) からもわかるように，主節の意味内容の理由としても解釈されます．この with は as や when といった従属接続詞とは違って，多少難しい言い方をすれば「擬似（前置詞的）補文化辞（pseudo (or prepositional) -complementizer)」と呼ばれるもので，その名が示す通り，前置詞的性格が強いものです．

　(23) では，上述の (15) の従属接続詞 as に相当する with は省略可能ですが，いつでも省略できるかというと，必ずしもそうだとは限りません．以下の例を見てみましょう．(*(X) は，X という要素がなけれ

ばいけないことを示しています.)

(24) a. *(With) Mary so easy to please, we are looking forward to her visit here.
   b. *(With) Dole as president, more cutbacks are sure to come.
   c. *(With) Jack at home, our house is burglar-proof.

With がどういう場合に省略可能で，どういう場合にそうでないかという問題を解決していくには，with が省略された後，残ったものが分詞構文としてみなされるか否かにかかっています．つまり，分詞構文としての認可条件がどういうものかにかかっていると言えるでしょう．紙面の都合上，これ以上の考察は読者に委ねたいと思います．

　上記の新たな問題は，接続詞を伴う英文から分詞構文に直していく作業工程のひとつです．接続詞を省略するという過程で，「他の例でも同じように接続詞を省略できるのかな」という単純な疑問を端緒として出てくる疑問です．このように，論理的にかつ正しい仕方・方法で非—常識を明らかにする際には，新たな問題が雨後の筍のように次々と出てくるのがふつうです．読者は，こうした終わりがないように見える探求を面白いと思いますか，それとも面白くないと思いますか．前者に手を挙げてくれる読者が一人でもいらしたら，それこそ望外の喜びです．

二重目的語構文の受動文
―今とむかし―

　　　　　　　　　　　　　　　　　　　松元　浩一

I　2つの受動文

　たとえば "John gave me many books." のように，目的語を2つ伴う［S + V + IO（間接目的語）+ DO（直接目的語）］の文形式を二重目的語構文と言います．この構文は，今から1500年くらい前の古英語（450-1100年）の頃から，今日まで途切れることなく用いられています．今から500年くらい前の初期近代英語（1500-1700年）にも観察され，(1)のような例も見られます．この用例では2つの目的語がともに人称代名詞になっています．（以下，引用例は全てShakespeareかBen Jonsonに拠ります．）

　(1)　a. I never *gave it him*. （OTH. V. ii. 67）　［1604-5］
　　　 b. *Give me 't* again. （Jonson, I. i. 384）　［1607］（' *'t* 'は*it*を表す）

上に挙げた(1a)では，動詞の直後に直接目的語（*it*）が生起しているのに対して，(1b)では，間接目的語（*me*）が生起しています．ここでは，(1a)の形式をまとめて **'give it me'** 型の二重目的語構文，(1b)を **'give me it'** 型の二重目的語構文と呼ぶことにしましょう．
　ひとつの文に目的語が2つあると，その文に対応する受動文も2とおり考えられます．以下では，(1)のように2つの目的語が共に人称代名詞である場合の受動文について考えてみましょう．なお小論では，*this*, *that* などの指示代名詞や *one*, *other* などの不定代名詞を含む例（e.g. Give me *this*. /Give me *one*.）は，目的語が人称代名詞ではないことから考察の

対象外とします.

　今から500年ほど前の1500-1700年頃の初期近代英語には（1）に挙げたような 'give it me' 型, 'give me it' 型の二重目的語構文が観察される一方で, 主語と目的語が共に人称代名詞である（2）,（3）のような受動文も見られます.（2）は, その主語が能動文の直接目的語に対応しており,（3）は間接目的語に対応していることから, それぞれ**直接受動文 (direct passive)**, **間接受動文 (indirect passive)** と呼ばれます.

　(2)　*It* was not lent me neither.（AWW. V. iii. 273）［1602-3］
　(3)　*I* was forbid it.（LR. V. i. 47）［1605-6］

今日の英語では,（2）,（3）のほかに, 主語や目的語が人称代名詞ではない場合も含めて, 一般的に, 直接受動文（e.g. ??*Many books* were given her.）はほとんど許容されませんが, 間接受動文（e.g. *She* was given many books.）はほぼ全て許容されます. それに対して, 1500-1700年頃の初期近代英語では, 間接受動文のみならず, 直接受動文も十分許容されます.

　そこで, 初期近代英語の直接受動文（2）ならびに間接受動文（3）と,（1）に挙げた能動文を対比してみると,（2）,（3）の受動文はいずれも,（1a）の 'give it me' 型能動文に対応しているのか,（1b）の 'give me it' 型能動文に対応しているのか, 疑問に思われます. つまり, 直接受動文も間接受動文も許容される初期近代英語では, たとえば（2）の "*It* was not lent *me*." は, "They didn't lend *it me*." と "They didn't lend *me it*." のいずれの能動文にも対応している可能性があります. このことから, 小論では（2）,（3）に挙げた受動文が（1a）の 'give it me' 型と（1b）の 'give me it' 型のいずれの能動文に対応しているのかを考えてみたいと思います. まずは, 二重目的語構文に関する歴史的背景から話を始めることにします.

II　むかしの受動文の分布

　二重目的語構文の受動文は，今から1500年ほど前の古英語（以下OEと略記）においては直接目的語を主語とし，間接目的語は動詞句内に存在しました．ところが，一般的に間接目的語は人間を表すことから，焦点の位置である文頭にも置かれました．文頭の間接目的語は，OEにおいては極めて稀に，13世紀に入ると徐々に主語とみなされるようになり，(3)に見たような間接受動文（*I was forbid it.*）が現れました．間接受動文は15世紀に入って頻度を増し，近代英語期に入って真に確立しますが，より時代を特定すると，1600年前後には十分確立していると言われます．その後ますます間接受動文の勢いは増し，今日の英語ではOEの頃とは状況が逆転し，間接受動文が一般的，他方の直接受動文は稀である（または許容されない）と言われます．

III　間接受動文が今日一般的である理由

　それでは今日，間接受動文は一般的，直接受動文は稀と言われる理由は何でしょうか．少し長くなりますが，2つの目的語の語順の歴史を辿ってみましょう．
　今から1100年くらい前の二重目的語構文は，格屈折と呼ばれる目的語の格形式に応じて次のA-Eのような5つの文形式をもっていました．目的語には，今日の直接目的語や間接目的語とは異なり，対格目的語（Accusative），与格目的語（Dative），属格目的語（Genitive），奪格目的語（Ablative: 与格目的語で代用）と呼ばれる特有の語形が使われました．以下には，各文形式とともに，それらに現れる代表的な動詞を挙げておきます．

　A.　V + Dative + Accusative: *bycgan*　(= 'buy'), *gifan*　(= 'give'), etc.
　B.　V + Accusative + Accusative: *læran*　(= 'teach'), *don*　(= 'cause'), etc.
　C.　V + Accusative + Genitive: *acsian*　(= 'ask'), *benæman*　(= 'deprive'), etc.

D. V + Dative + Genitive: *biddan*（= 'pray'）, *forwiernan*（= 'hinder'）, etc.
E. V + Accusative + Ablative（Dative）: *bereafian*（= 'bereave'）, *forstelan*（= 'steal'）, etc.

　これら 5 つのうち，形式 A（V + Dative + Accusative）は今日の二重目的語構文の原型として知られ，OE でも一般的な二重目的語構文です．

　OE では文内の語順は比較的自由でしたが，それは，上記 A-E に見たように，名詞に格屈折が存在したことによります．しかしその格屈折も，OE の普通名詞ではすでに主格と対格の区別が失われており，さらに与格までも初期 ME 期（1100-1300 年頃）には対格に同化して両者の区別が失われます（ME とは中英語の略記）．他方，人称代名詞は，与格と対格の形態上の区別が初期 ME まで保存されますが，同時期以降，対格が与格に同化して，やはり両者を区別する格形式は消失します．このように格屈折が消失すると，二重目的語構文には，両目的語とその語順に大きな変化が生じました．つまり，上記 5 つの形式は，［V + DO + IO］と［V + IO + DO］の 2 つに収斂します．また 1100-1300 年の初期 ME 期以降，［V + DO + IO］形式は徐々に衰退し，1500-1700 年の初期近代英語になると，［DO + IO］の配列が［固有名詞＋固有名詞］，［普通名詞＋普通名詞］，［普通名詞＋固有名詞］，［固有名詞＋普通名詞］の場合は使用されなくなり，［人称代名詞＋普通名詞］，［人称代名詞＋固有名詞］の場合も，明らかに逸脱した形式となります．

　ところが，その［V + DO + IO］には面白い現象が見られます．初期近代英語では，両目的語が共に人称代名詞で，かつ直接目的語が *it* という条件のもとでは，衰退の一途にある［V + DO + IO］のほうが，反対に，当時すでに優勢であった［V + IO + DO］を分布上圧倒してしまいます．

　以上のような［V + DO + IO］形式と［V + IO + DO］形式の発達概要を図示すると次のようになります．下図中，'fn'（= full noun）は固有名詞か普通名詞を，'pn'（= pronoun）は人称代名詞を表しています．形式 5［IO（pn）+ DO（pn）］と形式 6［DO（pn）+ IO（pn）］は，今日のアメ

リカ英語では許容されないのが通例ですので，PE 期には '*' を付して他と区別しておきます．

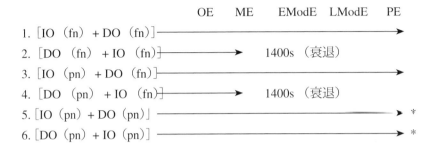

　まず，図に挙げた各変異形の IO と DO の語順を見てみましょう．間接目的語が先行する [IO + DO] 形式 1, 3, 5 は，OE 以来の全史を通じて不変に観察されることから二重目的語構文の基本型と考えられています．また OE では，"I gave her a present.", "Her were given presents." のように，態 (voice) に係わらず，間接目的語は，相対的語順のうえで直接目的語 (a present) や受動文の主語 (presents) に先行するのが一般的です．このことからも，歴史的に見ると，[IO + DO] の語順が基本型であると推定されます．

　次に両目的語がとる名詞について見てみましょう．上図が示すように，両目的語に full noun を取る形式 1, 2 は初期 ME 頃まで並存しています．その時期の両形式の分布は，形式 2 [DO (fn) + IO (fn)] が半分近くの 46% を占め，形式 1 [IO (fn) + DO (fn)] (54%) に迫る勢いであると言われています (cf. Koopman 1994, pp. 56-70)．つまり，両形式は初期 ME 頃まで互いに競合していたことが判ります．

　両目的語が代名詞と full noun から構成される形式 3, 4 はどうでしょうか．上図が示すように，形式 3 [IO (pn) + DO (fn)] は，人称代名詞 (pn) が先行するのを OE 以来今日まで続く原則としています．それに対して形式 4 [DO (pn) + IO (fn)] は，人称代名詞 (pn) が先行していても，それが DO として生起すると，1400 年代終わり頃には衰退して

しまいます．

　以上のことをまとめると，次のようになります．歴史的には，二重目的語構文の基本形は，間接目的語が先行する［V + IO + DO］の統語配列をもつ形式 1・3・5 であると言えます．なかでも間接目的語（IO）が人称代名詞である形式 3・5 は，形式 1 よりも分布上基本的であると言われています．しかし今日では，形式 5 はアメリカ英語では許容されず，イギリス英語でも，後述のように限定的であることから，［IO（pn）+ DO（fn）］の配列をもつ形式 3 が最も基本的な統語形式であると言えます．形式 3 がもつこの統語的特徴は，現代英語の二重目的語構文の特徴と比べてみても基本的であり，OE 以来今日まで続く本構文に特有の不変的性質と言えます．

　間接目的語に人称代名詞を用いる点は，通言語的に見ると，今日のヨーロッパ諸語でも英語でも，よく知られた語用論上の制約になっています．一方で，直接目的語が人称代名詞なら間接目的語もまた人称代名詞であるという一般化も可能です（cf. Siewierska and Bakker 2007, pp. 116-117）．このことに拠れば，上図に示した二重目的語形式 4［DO（pn）+ IO（fn）］は，この一般化に反しているため，発達の途中で 1400 年代末までに廃用に帰したと説明可能です．他方，形式 5［IO（pn）+ DO（pn）］と 6［DO（pn）+ IO（pn）］は，両目的語が格形式を保持している人称代名詞であり，この一般化に合致していることから，イギリス英語では今日まで残存しているのだと言えそうです．ただ，それらの今日の用法は口語に限定されているので必ずしも通例とは言えず，使用状況もイングランド北部などの一部地域に限られています．

　以上のことをふまえると，一般的に，次の原則を仮定することができるように思われます．

（4）間接目的語（与格）は，相対的な語順において，直接目的語（対格），または直接目的語（対格）が対応する受動文の主語に先行する．

この一般的原則は，今日に及ぶまで一貫して受け継がれています．というのも，今日の間接受動文 "She was given presents." は，元来 "Her were given presents." や従属節内では "(when) her(IO) presents(SUBJ) given were." のように，相対的語順のうえで，間接目的語 *Her/her* が主語 *presents* に先行する受動文がもとになっており，原則（4）に従って発達してきたからです．この点からも間接目的語は，態（voice）に係らず，直接目的語や受動文の主語に先行するのが基本的であると推定されます．

一方，直接受動文は，OE 以来，直接目的語に対応する名詞を主語としており，"The presents were given her." のように，相対的語順のうえで，間接目的語が主語に先行していません．つまり，(4) に挙げた原則から外れているため，格屈折が消失する初期 ME 以降次第に劣勢になったと考えられます．

Ⅳ　初期近代英語の受動文

間接受動文は，今日まで受け継がれている上記原則（4）をもとに発達してきたのであれば，歴史的に見ると，直接受動文よりも安定し，優位な状況が続いているように思われます．それでは，今から 500 年くらい前の初期近代英語では，主語と目的語の両方に人称代名詞を取る間接受動文と直接受動文は，いったいどのような状況にあるのでしょうか．先の (2), (3) に挙げた直接受動文と間接受動文を (5), (6) として次に再掲します．

(5)　*It* was not lent me neither. （AWW. V. iii. 273）　[1602-3]
(6)　*I* was forbid it. （LR. V. i. 47）　[1605-6]

1500-1700 年の初期近代英語の 100 作品を読んで調査してみると，(5) に挙げた直接受動文と (6) に挙げた間接受動文に対応する用例が，次の 9 個の動詞に合計 13 例観察されます．

(7) <bring>

Gloucester: — When came you to this? Who brought it?

Edmund: *It was not brought me*, my lord; (LR. I. ii. 58-59) [1605-6]

Sir, I will give you as much as this old man does when the business is perform'd, and remain (as he says) your pawn till *it be brought you*. (WT. IV. iv. 821-823) [1610-11]

(8) <enjoin>

de Armado: The naked truth of it is, I have no shirt; I go woolward for penance.

Boyet: True, *it was enjoin'd him* in Rome for want of linen; (LLL. V. ii.710-713) [1594-5]

(9) <forbid>

Albany: Stay till I have read the letter.

Edgar: *I was forbid it*. When time shall serve, let but the herald cry, (LR. V. i. 47) [1605-6]

(10) <give>

King: Where did you buy it? Or who gave it you?

Diana: *It was not given me*, nor I did not buy it. (AWW. V. iii. 271-272) [1602-3]

Good Master Person, be so good as read me this letter. *It was given me by Costerd*, (LLL. IV. ii. 90-91) [1594-5]

(11) <lend>

King: Who lent it you?

Diana: *It was not lent me neither*. (AWW. V. iii. 273) [1602-3]

It was lent thee all that blood to kill. (LUC. 627) [1593-4]

(12) <send>

Eleven hours I have spent to write it over, For yesternight by Catesby *was it sent me*; (R3. III. vi. 5-6) [1595-6]

Good Master Person, be so good as read me this letter. It was given me by Costerd, and *sent me* from Don Armado. I beseech you read it.（LLL. IV. ii. 90-92）［1594-5］

(13) <teach>

Messenger: Pompey is strong at sea, And it appears he is belov'd of those That only have fear'd Caesar; to the ports The discontents repair, and men's reports Give him much wrong'd.

Caesar: I should have known no less. *It hath been taught us* from the primal state That he which is was wish'd,（ANT. I. iv. 36-41）［1606-7］

(14) <tell>

Polixenes: Ay, and make it manifest where she has liv'd, Or how stol'n from the dead.

Paullina: That she is living, *Were it but told you*, should be hooted at Like an old tale;（WT. V. iii. 114-116）［1610-11］

(15) <yield>

I will write. Send your trunk to me, *it shall safe be kept, And truly yielded you*. You're very welcome.（CYM. I. vi. 208-210）［1609-10］

　これらの受動文は全て Shakespeare（1589-1613）の作品にしか観察されませんので，限定的で周辺的な現象です．また，2つの人称代名詞のうち，必ず一方は *it* ですが，その *it* は，13例中 *forbid* を除く12例では直接受動文の主語であり，*forbid* の例のみ間接受動文の保留目的語になっています．つまり，主語と保留目的語が人称代名詞の場合，先述の「二重目的語の相対的語順は，間接目的語が直接目的語に先行する」という原則 (4) に従って発達し一般化した間接受動文は1例しか見られず，逆に原則に適合しない直接受動文のほうが多く観察されます．これは，どういうことでしょうか．

　この疑問に答える前に，上記受動文が対応する能動文について考えてみましょう．先に挙げた用例のうち，*forbid* の例を除けば，12例全ての受動文が対応する能動文は，'give it me' 型能動文と考えられます．その理由は以下のとおりです．

12例の直接受動文において，*it* は主語として生起していることから，それら受動文に対応する能動文を仮定してみると，どの能動文にも *it* が目的語として常に存在します．*it* が目的語として能動文に存在するとき，'give it me' 型と 'give me it' 型の2つの能動形式が考えられますが，1500-1700年の100作品を調査すると，両目的語が共に人称代名詞である 'give it me' 型能動文は全体で98.2%，'give me it' 型は，初期近代英語を通じて僅か1.8%，Shakespeare には皆無という結果が得られます．つまり，上記12例の直接受動文は全て Shakespeare に見られますが，その Shakespeare には直接目的語に *it* を伴う 'give me it' 型能動文は全く観察されないことから，12例全てが対応する能動文は，'give me it' 型ではなく，'give it me' 型能動文ということになります．言い換えると，初期近代英語期を通じて僅か1.8%，Shakespeare には全く見られない 'give me it' 型能動文が，上記12例の直接受動文に対応していると仮定するには論拠に乏しいと言わざるを得ません．

　以上のことから，上に挙げた2つの人称代名詞を含む12例の直接受動文が対応しているのは，'give it me' 型の二重目的語能動文であると推定されます．それでは，なぜ「二重目的語の相対的語順は，間接目的語が直接目的語に先行する」という原則に適合していない 'give it me' 型能動文に，12例の直接受動文は対応しているのでしょうか．また，なぜこの原則に則して発達していない直接受動文のほうが間接受動文よりも多く観察されるのでしょうか．

　実は，'give it me' 型能動文は，Jespersen（1927, §14.7.3-4）が示唆するように，音声の同化と脱落によって生じた 'give it to me' 型前置詞構文の変異形と解されます（[givitmi:]＜[givitəmi:]＜[givittəmi:]）．とすれば，上記12例の直接受動文が真に対応しているのは，'give it me' 型能動文というよりも 'give it to me' 型前置詞構文であることが強く示唆されます．仮にそうであるならば，原則(4)に適合する必要はなく，'give it to me' 型前置詞構文をもとに派生される受動文は，動詞の内項である直接目的語を主語とするのが通例ですので，上記12例のように，*it* を主語とする受動文が出現すると推定されます．こうした考察を裏付ける

二重目的語構文の受動文

証左が見られます。再び先に挙げた 2 つの例を見てみましょう。

(16) (=10) <give>
King: Where did you buy it? Or who gave it you?
Diana: *It was not given me*, nor I did not buy it.（AWW. V. iii. 271-272）
［1602-3］

(17) (=11) <lend>
King: Who lent it you?
Diana: *It was not lent me neither*.（AWW. V. iii. 273）［1602-3］

これらの例は先述のように，2 例とも Shakespeare からの用例ですが，(16) の直接受動文 "It was not given me." は，前行の "who gave it you?" という 'give it me' 型の能動形疑問文に対応しています。(17) も同じように，直接受動文 "It was not lent me neither." は，"who lent it you?" という 'give it me' 型の能動形疑問文に対応しています。これらの事実が示唆することは，上に挙げた (16), (17) 以外の 10 例の直接受動文も全て Shakespeare に見られることから，同一作家が用いた直接受動文は 12 例とも，'give it me' 型の，つまり 'give it to me' 型と解釈される能動文に対応していると推察されます。

他方，13 例中 1 例のみ観察される *forbid* の間接受動文（*I was forbid it.*）は，'give it me' 型と 'give me it' 型のどちらの能動形式に対応するのでしょうか。初期近代英語では，間接受動文は十分確立していることから，*forbid* のような例が観察されることは十分予測されますが，この例が対応する能動文は，'give it me' 型（e.g. *They forbade it me.* / *They forbade it to me.*（後者は今日では稀））ではなく，'give me it' 型（e.g. *They forbade me it.*）であると推測されます。というのも，Jespersen の示唆するように，'give it me' 型の *me* は 'give it to me' 型の *to me* に対応すると解される統語的付加詞です。付加詞である 'give it me' 型の *me* が *forbid* の間接受動文の主語に対応するとは考えにくいからです。すなわち，"I was forbid it." の対応する能動文が "They forbade it me." という

'give it me' 型能動文であるとするならば，この能動文は実質的に "They forbade it to me." と解されることから，*to me* の *me* を主語として受動文にすると，結果的に "I was forbid it to." という予想に反した間接受動文（非文）が作り出されてしまいます．したがって，*forbid* の間接受動文は 'give me it' 型 （e.g. *They forbade me it.*）に対応すると言えます．

V おわりに

本調査で確認できた上記 13 例をもとにして，'give it me' 型と 'give me it' 型，および直接受動文と間接受動文の分布上の対応をまとめると次の表になります．表のうち，'OK' は用例が多く見られることを，'?' は稀にしか見られないことを，'*' は言語事実が観察されないことを表します．

	直接受動文	間接受動文
'give it me' 型	OK	*
'give me it' 型	*	?

つまり，本調査で確認できた例では，2つの人称代名詞を含む二重目的語構文に対応する受動文には必ず *it* が生起し，*it* を主語とする直接受動文は 12 例全てが 'give it me' 型能動文に，*it* を保留目的語とする間接受動文は *forbid* の 1 例のみが 'give me it' 型能動文に対応しています．二重目的語の相対的語順は，態（voice）に係らず，間接目的語が，直接目的語または直接目的語が対応する受動文の主語に先行する，という原則を考えたとき，その原則に因らない直接受動文のほうが多く観察されるのは，'give it me' 型の二重目的語能動文は，実質は二重目的語構文ではなく，'give it to me' 型の前置詞構文と解釈され，*me* は *to me* と解される統語的付加詞であるため，*me* が受動文の主語に対応するとは考えにくいことに拠ります．このように，二重目的語構文に対応する受動文は，今日では間接受動文が圧倒的に優勢であると言われますが，初期

近代英語には,これまで述べてきたように,今日とは異なる特徴的な統語現象が観察されると言えましょう.

参考文献
Jespersen, Otto (1927) *A Modern English Grammar on Historical Principles Part III: Syntax Second Volume*. Heidelberg: Carl Winters.
Koopman, Willem (1994) The Order of Dative and Accusative Objects in Old English, MS. University of Amsterdam.
Siewierska, Anna and Dik Bakker (2007) "Bound Person Forms in Ditransitive Clauses Revisited," *Functions of Language* 14-1, 103-125.

ひっくり返すとどうなるの？
—倒置文の機能と法則—

谷川　晋一

I　*be* 動詞を使った倒置文

　学校文法でも学習する（したであろう）項目ですが，英語には，(1)に示すような *be* 動詞を使った**倒置文**があります．

(1)　a.　More surprising is his love for children.
　　　b.　In the hallway is a poster of Lincoln.
　　　c.　Standing there was John, my roommate.
　　　d.　Examined next was our president.

この種の倒置文は，古くは，Emonds (1970) で分析されており，Preposing Around *be* や主語・補語倒置と呼ばれます．(1) の倒置文で注目すべき点は，その語順が (2) の標準的語順をひっくり返す形になっているところです．

(2)　a.　His love for children is more surprising.
　　　b.　A poster of Lincoln is in the hallway.
　　　c.　John, my roommate, was standing there.
　　　d.　Our president was examined next.

(1) では，(2) の文頭にある主語名詞が文末に置かれている一方で，文末にある前置詞や形容詞，動詞の分詞が文頭に置かれています．(1) で語順がひっくり返っているのは，なぜでしょうか．語順をひっくり返す

ことに，どのような意味があるのでしょうか．また，これらの倒置文は，日本語でどのように言い表すことができるでしょうか．

II　倒置文の機能

「ひっくり返すとどうなるの？」という問に答えるには，情報の流れに関する規則を理解する必要があります．英語には，**文末焦点（End-Focus）**という規則があります．簡単に言うと，「聞き手が既に知っている重要でない情報は文の最初に置き，聞き手が知らない重要な情報は文の最後に置きましょう」という規則です．一つわかりやすい例を見てみましょう．アカデミー賞の授賞式を想像してください．Johnny Depp を受賞者に選出し，オスカー像を授与すると発表する場合，どのような英文を使うでしょうか．日本人の多くは，(3) のような文を思い浮かべるかもしれません．

(3)　Johnny Depp is the winner of the Oscar.

もちろん，この文でも十分に受賞者が Johnny Depp であるという意味は伝わります．ただ，実際の授賞式で用いられるのは，(4) です．

(4)　The Oscar goes to Johnny Depp.

(3) と (4) の違いは，どこにあるでしょうか．この答えこそ文末焦点にあります．授賞式で誰かがオスカー像を獲得するというのは，周知の事実であるわけですから，重要なのは，受賞者が誰かという情報です．(3) では，重要な情報である受賞者が文頭に来ており，周知の事実であるオスカー像の獲得という情報が文末に来ています．その一方，(4) では，オスカー像という周知の情報が文頭に，重要な情報である受賞者が文末に来ています．2つの文を比較した場合に，(3) の言い方では，面白みがないのがわかるでしょうか．重要な情報というのは，聞き手にワ

クワク感を持たせるために，最後の最後までもったいぶって隠したいものです．(3) では，重要な情報である受賞者が最初に読み上げられてしまうので，あまり面白みがありません．その一方で，(4) には，ワクワク感があります．実際の授賞式では，(4) の "The Oscar goes to" まで一気に読み上げますが，そこで数秒間の溜めを作ります．このことで，受賞者が一体誰なのかという聞き手のワクワク感を煽るわけです．そして，その溜めの後に，満を持して受賞者の名前を提示することで，盛り上がりが最高潮に達します．重要な情報の提示は，焦らすように後回しにする，これが文末焦点なのです．

　(1) の倒置文も文末焦点の規則に沿った文です．文頭に置かれている前置詞や形容詞，動詞の分詞は，聞き手にとって既にわかっている情報なのです．例えば，*more surprising* のような形容詞が文頭にある (1a) の場合，"X is surprising" といった情報が先行する文脈で言及，示唆されているのが典型的です．先行文脈とつながりを持つ *more surprising* という情報は，既に想起されているわけですから，それほど重要ではありません．(1a) では，これを文頭に置いた上で，「より驚くべきものが何なのか」という驚きの対象を最後の最後に重要な情報として提示しているわけです．前置詞や動詞の分詞の場合も，同じです．倒置文で文末に置かれる名詞は，その文の中で最も重要な情報として一種の**際立ち**を持ちます．倒置文に後続する文があった場合，文末に置かれる名詞は，後続文の中で話の中心に据えられることになります．

III　倒置文の活用例

　(1) の倒置文の活用例を見ていくことにしましょう．最近では，文書の送付にEメールを使うことが主流になりました．電子媒体の申込書などをEメールに添付して送る際に，日本語では「申込書を添付しております」という文を使うことがありますが，英語では，どのような文を使うでしょうか．典型的には，(5a) が思い浮かぶでしょうが，実際，多くの場合で，(5b) の倒置文が使用されています．

(5) a. My application for the workshop is attached.
　　b. Attached is my application for the workshop.

(5b) で倒置文が使用されているのは，文末焦点の規則に従って，研修会の申込書を際立たせるためです．「添付する」という述語は，強調する必要がないため文頭に置かれ，添付されているものが何なのかという情報は，重要であるため文末に置き，際立つ情報として提示されているのです．同じように，「私の連絡先を以下に記載しております」という場合にも，"Listed below is my contact information." という倒置文がよく使われます．このような倒置文は，主要なオンライン検索エンジンで検索すると相当数の結果が出てくるはずです．

　また，倒置文ではありませんが，E メールによく見られる「添付の履歴書と申込書をご査収ください」という場合でも，(6a, b) のように文末焦点の規則に沿った特異な語順の文が見られます．

(6) a. Please find attached my resume and application.
　　b. Attached, please find my resume and application.

(6a, b) がどのような文に由来するものか想像がつくでしょうか．正解は，SVOC の形式になっている (7) です．

(7) Please find my resume and application attached.

(7) は，日本語で直訳するならば，「履歴書と申込書が添付されているのに気づいてください」という文です．(6a) では，動詞の目的語を文末に置くことで，*my resume and application* を際立たせています．その一方，(6b) では，補語にあたる *attached* を文頭に置くことで，同様の際立ちを作っています．筆者も，国際学会の発表要旨を E メールで受理する仕事を担当していた際に，(6a, b) のような文をよく目にしまし

た．最初に(6b)のような文を見た時は，文法的な間違いではないのか，間違いでないとしたら一体どんな文構造なのか，と首を傾げましたが，敢えてこのような特異な語順を作り出すことで，目的語となっている名詞を際立たせているのです．

IV　日本語の対応文

　ここで少し日本語に目を向けてみます．これまで見てきた(1)のような英語倒置文を日本語で的確に言い表す場合，どのような文を使ったらよいでしょうか．この点に関する考察は，熊本（2000）でなされています．熊本は，(8)に示す「**A のが B だ**」形式の「**が**」**分裂文**が意味機能上，(1)の英語倒置文に対応すると述べています．

(8)　a.　特におすすめなのが，四季満喫コースです．
　　　b.　そこで働いていたのが，私の父だったのです．

(8)の「が」分裂文は，(9)の標準的語順をひっくり返したものです．

(9)　a.　四季満喫コースが特におすすめです．
　　　b.　私の父がそこで働いていました．

(8)では，(9)の述語表現に「の」が付いて名詞化したものが文頭に置かれ，その後ろに，名詞とコピュラ「です」が続いています．(8)の「が」分裂文は，砂川（1996, 2005）が**後項特立文**と呼ぶもので，コピュラの前に置かれる名詞がその文の中で最も重要な情報として際立ち（特立性）を持ちます（異なる解釈になる「が」分裂文もありますが，(8)との違いについては，砂川（1996, 2005）を参照してください）．コピュラの前に置かれる名詞は，この位置で強い印象づけが行われ，聞き手の記憶の中により長い間留まるようになります．

　(1)の英語倒置文と(8)の日本語「が」分裂文には，標準的語順が

ひっくり返っていること以外にもいくつかの共通点があります．まず，文頭に置かれる要素には，典型的に，代名詞や比較を表す *more*，「特に」等，先行文脈とつながりを持つ表現が含まれます．これらの表現が入ることで，文頭要素は，先行文脈の流れを引き継ぐ背景となります（英語については，Bolinger（1977）や福地（1985），日本語については，砂川（1996, 2005）や熊本（2000）を参照））．そして，その内容に合致する対象が文の最後の方で提示されることになります．先行文脈とつながりを持つ要素を背景として先に出した上で，名詞の提示を文の最後の方まで引き伸ばし，溜めを作ることによって，その名詞に際立ちが置かれる効果が得られるわけです．また，これに関連する共通の特性として，(10) のように，これらの文を否定文にすることはできないという事実が挙げられます．

(10) a. * 特におすすめなのが，四季満喫コースではありません．
 b. * More surprising is not his love for children.

上で述べたように，これらの文では，文頭要素が表す内容に合致する名詞を際立たせる形で提示します．文の冒頭でそのような対象が存在するという期待感を聞き手に持たせておきながら，結局，そのような存在を否定で打ち消すというのは，そもそも，これらの文の意味機能と相反するのです（奥野（2001）も参照）．したがって，(10) のように，これらの文は，否定と相容れないというわけです．

　上記の議論に従うと，(1) の英語倒置文は，(11) のような「が」分裂文を用いて表すのが最も的確だということになります（谷川（2009）も参照）．

(11) a. もっと驚きなのが，彼の子どもへの愛情です．
 b. その廊下に貼られているのが，Lincoln のポスターです．
 c. そこに立っていたのが，ルームメイトの John でした．
 d. 次に検査を受けたのが，社長でした．

前節では，（5b）として "Attached is my application for the workshop." のようなEメールでよく使われる表現を見ました．この節での議論を踏まえると，この文は「添付しておりますのが，研修会の申込書です．」と解釈するのが妥当だと言えます．

V　倒置文の不思議

　最後に，倒置文に関する不思議な事実を見ていくことにしましょう．最初に述べたように，（1）の英語倒置文は，（2）の標準的語順をひっくり返した形になっています．ただ，本当に語順をひっくり返しただけなのでしょうか．

　単純に語順をひっくり返しただけではないことを示唆する事実があります．まず，英語の *know* や *resemble* といった動詞は，もともと「～している」という意味を持つ状態動詞（stative verb）です．したがって，（12）のように，通例，進行形で用いることはできません．

(12)　a. *　John was knowing the answer.
　　　b. *　Mary is resembling the actress.

ただ，非常に興味深いことに，これらの文が倒置文になると容認可能になるのです．（13a, b）は，筆者の作例ですが，文頭要素に *also* を付け，適切な文脈を想定すれば，容認可能であるという判断を英語母語話者から得ています（Sundby（1970）と村田（1982）も参照）．

(13)　a.　Also knowing the answer was John.
　　　b.　Also resembling the actress is Mary.

もう一つ倒置文の動詞に関する不思議な事実があります．英語の *reach* や *arrive* といった動詞は，到達動詞（achievement verb）と呼ばれ

ます．到達動詞が表す行為は，時間的に幅がなく，瞬間的に行われるもので，(14a, b) のように進行形にすると，「今にも到達・到着しようとしていた」という近い未来を表す意味になります．

(14) a. John was reaching the summit.
　　 b. The train was arriving at the station.

これを踏まえて，問題の倒置文に到達動詞が含まれる例を見てみましょう．(15a, b) は，アメリカの有名紙 The New York Times と The Washington Post の記事に見られる実例です．

(15) a. Two of the handicapped persons turned back, but those who made it to the top were a full day ahead of their Fourth of July goal. … The first to reach the snow-covered mountaintop were Mr. O'Brien; Kirk Adams, … <u>Also reaching the summit were three other blind persons</u>, … .
http://www.nytimes.com/1981/07/04/us/disabled-group-conquers-mount-rainier-ice-and-all.html
　　 b. His rescuers included an unidentified volunteer firefighter … . <u>Arriving at the same time were Montgomery County police Sgt. Brad Graham, Officer John Romack and Rockville police K-9 Cpl. Kyle Dickerson</u>.
http://www.washingtonpost.com/wp-dyn/articles/A26602-2005Apr4_2.html

下線部が問題の倒置文ですが，文脈上，「今にも到達・到着しようとしていた」という近い未来を表す解釈にはなりません．(15a) では，「同様に山頂に<u>到達した</u>のが他の盲者3名だ」，(15b) では，「同時に<u>到着した</u>のが以下の警察官だ」という解釈が妥当です．

　以上のような事実は，(1) の倒置文が単純に (2) の語順をひっくり

返しただけではないことを示唆します．では，どのように考えればよいのでしょうか．これは，あくまでも一つの提案ですが，次のように考えることができるかもしれません．(16a, b) を見てください．

(16) a. John is the student knowing the answer.
　　　b. the train arriving at Union Station

まず，状態動詞は，(16a) に示すように，名詞後位修飾の場合，現在分詞形の使用が可能です．また，到達動詞は，(16b) の現在分詞を用いた名詞後位修飾の場合，「到着する電車」という近い未来ではない解釈が可能です．倒置文でも名詞後位修飾と同じ形が想定できるかもしれません．つまり，目には見えませんが，現在分詞の前に one のような名詞が隠れていて，現在分詞は，その one を修飾しているという可能性です．この分析が正しいとすると，現在分詞を使った倒置文（13a）で文頭に置かれているのは，(17) に示すような名詞＋現在分詞で構成される名詞後位修飾の要素ということになります（実際に，den Dikken（2006）が英語のコピュラ文に同様の分析を提案しています）．

(17) 　[one also knowing the answer] 　is John.

(1) にあるように，be 動詞を使った倒置文では，動詞の過去分詞や形容詞，前置詞も文頭要素になります．これらにも名詞後位修飾の用法がありますから，(17) の分析が想定できます．また，(17) のように考えると，動詞の分詞，形容詞，前置詞が問題の倒置文で用いられるのは，偶然ではなく，名詞後位修飾用法があることに還元できます．さらに，(17) が正しいとすると，問題の英語倒置文は，日本語の「が」分裂文と意味機能に加え形式的にも対応することになります．つまり，目に見えない形ではあるが，英語倒置文にも日本語の「の」のような名詞的要素 one が存在しており，これを動詞の分詞などの述語表現が修飾しているということです．この分析を妥当化するには，解決しなければならな

い問題がいくつかありますが，一つの提案として面白いものだと筆者は考えています．

参考文献
〈単著・編著〉
Bolinger, Dwight（1977）*Meaning and Form*, Longman.
den Dikken, Marcel（2006）*Relators and Linkers: The Syntax of Predication, Predicate Inversion, and Copulas*, MIT Press.
Emonds, Joseph（1970）*Root and Structure-Preserving Transformations*, Doctoral dissertation, MIT.
福地肇（1985）『談話の構造』大修館書店．
村田勇三郎（1982）『機能英文法』大修館図書．
砂川有里子（2005）『文法と談話の接点－日本語の談話における主題展開機能の研究』くろしお出版．
Sundby, Bertil（1970）*Front-Shifted ING and ED Groups in Present-Day English*, CWK Gleerup, Lund.
〈編著書収録論文〉
奥野忠徳（2001）「主語・補語倒置」中島平三（編）『最新英語構文事典』119-124, 大修館書店．
〈学会誌・月刊誌論文〉
熊本千明（2000）「指定文と提示文－日・英語の観察から－」『佐賀大学文化教育学部研究論文集』5, 81-107.
砂川有里子（1996）「日本語コピュラ文の談話機能と語順の原理－「AがBだ」と「AのがBだ」構文をめぐって－」『筑波大学文藝言語研究・言語篇』30, 53-71.
谷川晋一（2009）「日・英語における提示文の統語分析」『日本エドワード・サピア協会研究年報』23, 13-24.

空所の穴埋めとことばの仕組み

稲田　俊一郎

I　空所の穴埋め問題？

さて，次の(1)の文中に丸括弧で示された空所には，何が入るでしょうか．

(1)　The strange man Mary saw（　　）yesterday is a famous musician.

この文を見た瞬間に，そもそも埋めるべき穴なんてないじゃないかと思った方も多いでしょう（あるいは，気の利いた副詞表現を入れた方もいるかもしれません）．そう，この文は，空所に何も入れなくても「正しい」文です．

しかし，考えてみれば例(1)の主語 *the strange man who Mary saw yesterday* の中に埋め込まれた節 *Mary saw yesterday* の中の過去形の他動詞 *saw* には，目的語が見当たりません．なのに，例(1)はなぜか「メアリが昨日会ったのが誰かは不明だが…」という意味ではありません．そうではなく，英語母語話者の頭の中では，*strange man* が *famous musician* であるのと同時に他動詞 *saw* の目的語としても，実際には発音はされていないけれど，この「空所」に自動的に穴埋めされているのです．

こうした空所を含む名詞修飾節は「**関係節**」と呼ばれ，この一見何も入らない空所を頭の中で穴埋めする名詞句は関係節の「**主要部名詞句**」と呼ばれます．ここでは，以下の(2)のように関係節を四角括弧で囲み，空所は *e* と表して，いつでも「見える」ようにしておくことにしま

しょう.

(2) The strange man [Mary saw *e* yesterday] is a famous musician.

また，関係節と主要部名詞句を合わせて「関係節構造」と呼ぶことにします．

　言語学の世界では，あるはずの役割のものが表面上は見当たらないとき，そこに空所があると考えます．そして，冒頭の（1）で見た関係節構造における空所の穴埋め問題を「**空所と埋語の依存関係**（filler-gap dependency）」と呼んで長い間研究を行ってきました．しかし，空所の穴埋めと言っても，試験問題を解くのとはわけが違います．突き止めたいのは，何がどうなってどんな空所が生じるのかという，ことばを使うときに頭の中で働く仕組みなのです．ことばには，果たして主要部名詞句が実際に穴埋めをするような仕組みがあるのでしょうか．はたまた，空所とは便宜上の概念でしかなく，実際には関係節と主節で一つの名詞句を共有しているのかもしれません．ここでは，英語の関係節構造の様々な空所穴埋めをヒントに，私たちのことばの仕組みについてちょっと考えてみることにしましょう．

II　空所には何かがある

　関係節構造の空所の穴埋めは，「何となく意味的に主要部名詞句が穴埋めをする」というぼんやりとしたものではありません．次の例では，空所を埋め合わせているのが実際の主要部名詞句そのものだということが分かります．

(3) The picture of ***himself***$_i$ [that ***John***$_i$ drew *e*] is impressive.

例（3）では，主節の主語に含まれる再帰代名詞 *himself* と関係節の主語 *John* とが同じ人物を指します（こうした指示的依存関係を，同一指示

と言います．例中の下付きインデックスが便宜的に同一指示を表わしています）．

　再帰代名詞は，同じ述語の項（主語や目的語）の中で自身より構造上高い位置にあるものを先行詞とします．この条件は束縛条件Aと呼ばれ，以下の例からも見て取れます（アスタリスクは，例が適格でないことを表わします）．

(4) a. ***John**$_i$* likes ***himself**$_i$*.
 b. ***John**$_i$* drew pictures of ***himself**$_i$*.
 c. *****John**$_i$*'s daughter likes ***himself**$_i$*.

例（4a）（4b）のように，再帰代名詞は自分より高い位置にある主語 *John* との同一指示が可能ですが，例（4c）の主語に含まれる *John* のように，それ自体が再帰代名詞より高い位置にあるわけではない要素との同一指示は不可能です．

　そうすると，例（3）の指示的依存関係（*John = himself*）は，見た目の語順では束縛条件Aを満たさないように思えます．しかし，例（3）は実際に母語話者にとって適格な文です．従って，束縛条件Aは満たされているはずなのです．そこで鍵となるのが，空所の穴埋めの仕組みです．関係節の空所は主要部名詞句 *picture of himself* そのものによって埋められているので，再帰代名詞が空所の位置で束縛条件Aを満たすことができるのです．こうした空所の穴埋めに伴う束縛条件等の適用は，主要部名詞句の**再構築効果**（reconstruction effect）と呼ばれ，英語以外にも多くの言語で観察されると言われています．

III　Wh 疑問文における空所の穴埋め

　こうした再構築効果は，関係節構造だけでなく，*wh* 疑問文における *wh* 句の解釈の際にも観察されます．英語の *wh* 疑問文では，*wh* 句は文頭に表れ，*wh* 句のもともとの役割である主語や目的語の位置には空所

が残ります．

(5)　Which picture of ***himself***$_i$ did ***John***$_i$ buy e_{wh}?

例（5）では，動詞 *buy* の目的語の空所位置 e_{wh} が *wh* 句 *which picture of himself* で穴埋めされた結果として，束縛条件 A が満たされています．
　ところで，以下の文では同一指示解釈（*he = John*）が許されません．

(6)　*Which picture of ***John***$_i$ did ***he***$_i$ buy e_{wh}?

実はこれも，*wh* 句の再構築効果の例なのです．例（6）の *wh* 句に含まれる *John* のような固有名詞は，以下のように，自身より高い位置にある代名詞と同一指示の解釈となることはありません．

(7)　a.　****He***$_i$ criticized ***John***$_i$.
　　　b.　****He***$_i$ bought the picture [that ***John***$_i$ likes *e*].

この条件は，束縛条件 C と呼ばれます．例（7a）と（7b）のいずれも，同一指示解釈（*he = John*）の場合には，束縛条件 C に違反します．結果として例（7）の文は不適格であり，自然な発話においては観察されず，母語話者にとって容認不可能な文となります（同一指示でない場合は，いずれも容認可能です）．例（6）の場合も同様に，空所 e_{wh} が *wh* 句 *which picture of John* で穴埋めされた結果，（例（5）のときとは逆に，）容認不可となっていると考えられます．
　ところが，束縛条件 C に関する *wh* 句の再構築効果では，以下のような事例が，容認可能な文であると報告されています．

(8)　Which picture [that ***John***$_i$ likes *e*] did ***he***$_i$ buy e_{wh}?

この文の裏にある構造を，例（6）や（7b）の構造と並べて比べてみま

しょう.

(6)' *[which picture [of ***John*** $_i$]]$_{wh}$　　did ***he***$_i$ buy　e_{wh}
(8)' ^{ok}[which picture [that ***John***$_i$ likes e]]$_{wh}$ did ***he***$_i$ buy　e_{wh}
(7b)' ****he***$_i$ bought [the picture [that ***John***$_i$ likes e]].

例 (6) は, wh 句による空所の穴埋めで束縛条件 C に違反しています. 同様に, 例 (8) も容認されないはずだと思ったかもしれません. 例 (8) の wh 句 *which picture that John likes* 全体で空所 e_{wh} が穴埋めされていた場合, 例 (7b) と同じく束縛条件 C 違反となるからです. しかし, この予測は正しく事実を捉えていません.

　例 (8) の事実を受けて, wh 句による穴埋めは, してもしなくてもよい, と分析を改めることはできません. なぜなら, 空所 e_{wh} (例 (8) における動詞 *buy* の目的語等) が完全に空白であることは, この文の解釈上あり得ないからです. また, 穴埋めが義務的ではないなら, 例 (6) が同一指示 (*he* = *John*) のままでも容認可能であることが予測されますが, それも事実に反します. 結局,「例 (8) のような場合には, 中心的名詞 *picture* にあたる部分以外は, 空所の穴埋めに参与しなくてもよい」という風に考え直す必要が有ります.

(6)'' *[which　picture　　　　[of ***John***$_i$]]$_{wh}$　　did ***he***$_i$ buy e_{wh}
　　　　　　　再構築される　再構築される
(8)'' ^{ok}[which　picture　　　　[that ***John***$_i$ likes e]]$_{wh}$ did ***he***$_i$ buy e_{wh}
　　　　　　　再構築される　再構築されない

では, 例 (6) と例 (8) の違いはどこにあるかというと, wh 句の中心となる名詞 *picture* にとって, 修飾句 *of John* は必要な情報 (補部) であるのに対して, 修飾句 *that John likes* は補足的・付加的な情報 (付加部) であるという点にあると言えるでしょう. 写真にとっての被写体は, (それが明示的に表されるかどうかに関わらず) 写真という概念に

必然的についてまわるものですが，その写真を誰が好きかという情報は，そうではありません．よって，主要部名詞句にとっての補部とは異なり，付加部である関係節は主要部名詞句との結びつきが弱く，別々に解釈されることが可能だと考えられます．

IV　実は複雑な関係節の空所穴埋め問題

　さて，関係節構造に話の焦点を戻しましょう．主要部名詞句の再構築効果は，主節と関係節の強い結びつきの賜物だと言いたくなります．しかし，wh疑問文のときに関係節が主要部名詞句と別々に解釈されていたのは，二者の結びつきが弱いせいだとも言えます．いったい，どういうことでしょうか．

　そこで，関係節構造には，主要部名詞句が再構築効果を示すような強い結びつきと，主要部名詞句と関係節が別々に解釈されるような弱い結びつきの二種類あると考えてみるとどうでしょう．確かに，再構築可能性を基に主要部名詞句と関係節の結びつきの強弱を見分ける手順を提案できるようにも思えます．しかし，次の（9）のような例が報告されている（Henderson（2007））以上は，結びつきの強さをいつでも「発見の手順」とすることはできないかもしれません．

(9)　^{ok}Which picture of himself$_i$ that John$_i$ gave to Mary$_j$ did she$_j$ like?
(9)'　which picture of **himself**$_i$　[that J_i gave e to M_j] did **she**$_j$ like e_{wh}
　　　e_{wh} で再構築される　e_{wh} で再構築されなくてもよい
　　　e で再構築される

　例（9）では，wh句が空所 e_{wh} を穴埋めするとき，関係節を伴っていません．これは同一指示（she = Mary）に関する束縛条件Cの違反が生じないことから分かります．つまり，主要部名詞句 picture of himself と関係節 that John gave to Mary は弱い結びつき（付加）です．一方で，主要部名詞句 picture of himself は関係節内空所 e を穴埋めします．このこと

は，同一指示（*John = himself*）に関する束縛条件 A が満たされていることから分かります．つまり，主要部名詞句と関係節は，強い結びつき（再構築）でもあります．

V　関係節構造の統語分析：主要部名詞句移動分析と関係節付加分析

　少し専門的な話になりますが，これまで関係節構造がどのように分析されてきたのかを概観してみましょう（外池（2016）等を参照）．**生成文法理論**では，主要部名詞句の再構築効果を捉えるために，関係節から主節への主要部名詞句の直接移動（Head Raising）分析が提案されていました．近年の生成文法理論では，人間がことばを使うときに働く心の中（脳の中と言ってもよいでしょう）の演算システム（NS: narrow syntax）を仮定しており，そこでは文を構成する部品（SO: syntactic object）が集合形成操作 Merge によって併合され，再帰的に複合的 SO を形成していくと考えられています（ここで言う「再帰」とは，簡単に言えば，Merge のアウトプットが別の Merge のインプットになる，という意味です）．Merge による集合形成には，最適な適用のための条件が課されています．一つには，必ず二つの SO によって成されなくてはなりません．そこで，例えば次のように複合的な SO が形成されます．

(10) i.　$\{SO_\alpha, SO_\beta\}$　　　　　← Merge (SO_α, SO_β)
　　 ii.　$\{SO_\gamma, \{SO_\alpha, SO_\beta\}\}$　　← Merge $(SO_\gamma, \{SO_\alpha, SO_\beta\})$

統語派生 (10i) で形成された複合的 SO である $\{SO_\alpha, SO_\beta\}$ が，(10ii) では Merge のインプットとなっています．もう一つの条件として，形成された集合を改ざんしてはならない（NTC: no-tampering condition）というものがあります．この条件に従い，さらに次のように複合的 SO が形成されます．

(10) iii.　$\{SO_\beta, \{SO_\gamma, \{SO_\alpha, SO_\beta\}\}\}$ ← Merge $(SO_\beta, \{SO_\gamma, \{SO_\alpha, SO_\beta\}\})$

派生（10iii）では，何らかの要請によって再度 SO_β が併合されています．これは生成文法理論で「移動」と呼ばれている現象です．このとき，上述の二つの条件に従って自動的に上部構造と下部構造に二つの SO_β が生じることになります．この考え方を「移動のコピー理論」と言います．これにより，再構築効果，つまり空所の穴埋めとは，もともとそこにあったコピーの解釈によって得られる，文が表す意味の可能性の一つだと考えることができるのです．

例えば wh 疑問文では，必要に駆られた wh 句の「移動」に伴って，空所 e_{wh} にも自動的に発音されないコピーが形成され，再構築効果が生じます．

(6)' *⟨which picture of ***John**$_i$⟩ did ***he***$_i$ buy ⟨which picture of ***John**$_i$⟩

関係節構造の直接移動分析でも，主要部名詞句の「移動」に伴って，関係節内の空所 e にも発音されないコピーが形成され，再構築効果が生じるのです．

(3)' ⟨picture of ***himself***$_i$⟩ that ***John***$_i$ drew ⟨picture of ***himself***$_i$⟩

一方で，前節では，wh 疑問文において主要部名詞句と関係節が別々に解釈されてしまう現象も観察し，そうした弱い結びつきが関係節の付加性によるものであるという分析可能性に触れました．実は，「移動要素に対する付加詞は，移動後に併合することができる」という仮説が，実際に提案されています（詳細は長谷川（2014）を参照のこと．付加による集合形成は，特に三角括弧で表す）．

(10) iv.　{⟨**ADJ**, SO_β⟩, {SO_γ, {SO_α, SO_β}}} ← 移動先で付加詞 $_{ADJ}$ を SO_β に付加

この仮説に従えば,関係節が e_{wh} で解釈されない現象を説明することができるかもしれません.いずれにしても,関係節は付加詞であると考えることは,関係節構造の統語分析において前提であると言えそうです.

VI 主節と関係節の共有項としての主要部名詞句

ここまで考えてきたことから,主要部名詞句と関係節の強い結びつき(主要部名詞句の直接移動)と弱い結びつき(関係節付加)は,一度の関係節構造構築において共存していると考えられます.この関係節構造構築の仕組みは,以下のような空所の穴埋めの例によって明らかになったものでした.

(9)″　Which picture of ***himself*** $_i$
　　　　　[that ***John***$_i$ gave *e* to ***Mary***$_j$]　did ***she***$_j$ like e_{wh}?

しかし,弱い結びつきが関係節の付加的性質によるとすると,関係節と主節は,NS の演算の過程では,頭の中で別々の集合として計算されていることになります.一方で,直接移動分析に従うと,後から遅れて主要部名詞句に付加する予定の関係節内の空所 *e* にも,その主要部名詞句のコピーがもともとあるはずなのです.この関係節内の主要部名詞句のコピーは,いつ,どうやって生じるのでしょうか.

Thompson (1971) は,関係節構造では「等位の二述語が一つの名詞を共有項としている」と考えました.そこで関係節構造の謎を紐解くことのできる一つの可能性として,ことばの演算システムにおける「共有」の仕組みについて考えてみましょう.以下の図(12a)では,点 X_1 が点 A_1, A_2, A_3 を含む円と点 B_1, B_2, B_3 を含む二つの円のどちらにも含まれています.これを,「点 X_1 を共有している」と言います.この点 X_1 の共有は,(12b)のように集合で表すこともできます.

(11) a. 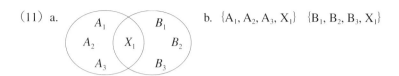 b. $\{A_1, A_2, A_3, X_1\}$　$\{B_1, B_2, B_3, X_1\}$

　ここで，NS に関する二つの条件を思い出してください．集合形成操作 Merge は，①二つの SO によって成され，②形成された集合を改ざんしてはなりません．そこで，以下の (12) のような集合形成も起こると考えられます．

(12)　　　$\{SO_\alpha, SO_\beta\}$ $\{SO_\gamma, SO_\beta\}$ ← Merge (SO_α, SO_β),
　　　　　　　　　　　　　　　　　　　Merge (SO_γ, SO_β)

統語派生 (12) では，SO_β が SO_α とも SO_γ とも Merge する要請が別々に生じて，SO_β（のコピー）を共有する二つの集合を形成しています．但し，派生 (12) の二つの集合は，このままでは一つの文として「外在化（発話等によってことばを出力することです）」できません．この二集合は，Merge（付加）されて一つに統合された複合的 SO を形成する必要があります．（実は，もう一つには，付加後に共有項が上部構造へと移動（例えば，Inada (2017) における階層的名詞句構造内での機能範疇 NumP の移動等）する必要があります）．
　関係節と主節は，主要部名詞句を共有してはいるものの，演算過程では（付加しているだけの）別々の独立した集合です．よって，主節において関係節内の要素が，例えば束縛条件 C の違反を引き起こすような解釈に，理由もなくわざわざ参与することはないと言えます．同時に，こうした共有分析では，主節内の空所でも関係節内の空所でも，もともとそこに存在する共有項，つまり主要部名詞句の（コピーの）解釈によって，再構築効果が得られることが説明できます．

VII いろいろな共有，いろいろな穴埋め

　最後に，心の中のことばの仕組みをさらに明らかにしていく上でヒントになるような，その他の興味深い共有現象について見ていくことにしましょう．主要部名詞句による空所の穴埋めには，次のようなものも見られます（Heim（1987））．

(13)　It would take days to drink the champagne [they spilled *e* that evening].

例（13）は，二通りの解釈が可能です．一つは，「大量のシャンパンをこぼしてしまい，そのこぼしたシャンパンを（例えば掬って）飲むのに数日かかる」という解釈です．もう一つは，「こぼしてしまったシャンパンの量は，同じ量を飲むのに数日かかる（くらい多い）ものだ」という解釈です．後者の解釈を意図して例（13）の文を発した場合，主節と関係節で共有されているのは，主要部名詞句 *the champagne* の量についての情報ということになります．

　主要部名詞句の量の情報を共有しているという点では，次のような例でも同様の共有現象が起こっていると言えます（Aoun and Li（2003））．

(14) a.　The ***headway*** [that John ***made*** *e*] was amazing.
  b.　The careful ***track*** [that she's ***keeping*** *e* of her expenses] pleases me.

例えば（14a）では，主節と関係節で共有されているのは表面上の主要部名詞句 *headway* ではありません．そうではなく，「進捗する」と言う意味の熟語 *make headway* が表す出来事において実際に進捗した度合いがどの程度かという，表面上は表わされていない量の情報が共有されています．

　最後に，次の例について考えて見ましょう（Bowers（1975: 539））．

(15) a. Bill is 10 times the idiot [that Harry is *e*].
　　 b. Harry isn't one half the player [that Bill is *e*].
　　 c. This book is three times the length [that one is *e*].

これらの例でも，主節と関係節の間では，量・程度についての情報が共有されています．但し，例えば（15c）において共有されているのは「ある長さの程度（*the length*）」であって，主要部名詞句を修飾している要素 *three times* は，主節の解釈のみに関わる情報です．このように，主要部名詞句の解釈に関わる情報でも，主節と関係節の間で共有されないものもあります．

Ⅷ　共有と穴埋めから見えてくることばの仕組みとバリエーション

日本語では次のような関係節（*Half*-relatives (Ishii (1991))）が観察されます．

(16) a. ジョンは［ボブが家賃に（金を）使う］半分をギャンブルに使う．
　　 b. メアリは［亭主がひと月に稼ぐ］倍を半月に稼ぐ．

ちなみに，英語では次のような共有は許されません．

(17) a. *Bill is 10 times [that Harry is the idiot].
　　 b. *Harry isn't one half [that Bill is the player].
　　 c. *This book is three times [that one is the length].

例（16）と（17）では，似た要素が「主要部名詞句」になっているように見えます．英語と日本語では，関係節構造構築に関して何かが異なるのでしょうか．

共有という観点から考えると，例（15）で共有されていたのは，*10*

times や *one half*，あるいは *three times* といった要素ではありません．しかし，これは実は日本語の例（16）でも同様です．例（16）では，半分や倍といった相対名詞（奥津（1974））が共有されているわけではありません．以下のように，例えば（17a）（（15a））では「阿呆なのがどの程度か」，あるいは（16a）では「使った額がどれくらいか」といった量・程度の情報のみが共有されているのです．共有している情報を以下のように明示してみると，英語と日本語の間で関係節構造構築の仕組み自体に違いがあるのかどうか，そのヒントが見えてきます．

(17a)' *… 10 times **the degree** [that Harry is the $e_{\text{to-some-degree}}$ idiot]

(18)　　[ボブが収入を家賃に $e_{ある額}$ 充てる] **額**の半分を…

英語の例（17）では，「関係節」内空所位置で共有しようとしている情報が，関係節の主要部名詞句になるほど十分には名詞句とは認められないのです．一方で日本語の例（18）で共有している情報は，十分に名詞句と認められると言えそうです．空所の穴埋めに関わることばの仕組みを考えることで，このように，言語間の語彙的な相違が，私たちの心の中のことばの演算を経て，様々な違いをもたらしていることが見えてくるのです．

参考文献

Aoun, Joseph and Yen-hui Audrey Li (2003) *Essays on the Representational and Derivational Nature of Grammar: The Diversity of Wh-Constructions*, MIT Press.

Bowers, John S. (1975) "Adjectives and Adverbs in English," *Foundations of Language* 13, 529-562.

長谷川欣佑（2014）『言語理論の経験的基盤』，開拓社．

Heim, Irene (1987) "Where Does the Definiteness Restriction Apply? Evidence from the Definiteness of Variables," *The Representation of (In) definiteness*, ed. by Eric Reuland and Alice ter Meulen, 21-42, MIT Press.

Henderson, Brent (2007) "Matching and Rasing Unified," *Lingua* 117, 202-220.

Inada, Shunichiro (2017) *A Unified Analysis of Restrictive Relative Structures at the Syntax-*

Semantics Interface, PhD. Dissertation, University of Tokyo.

Ishii, Yasuo (1991) *Operators and Empty Categories in Japanese*, PhD. Dissertation, University of Connecticut.

奥津敬一郎 (1974)『生成日本文法論』, 大修館書店.

Thompson, Sandra A. (1971) "The Deep Structure of Relative Clauses," *Studies in Linguistic Semantics*, ed. by Charles J. Fillmore and D. Terence Langendoen, 78-94, Holt, Rinehart and Winston.

外池滋生監訳 (2016)『統語論キータ ーム事典』(Luraghi and Parodi, *Key Terms in Syntax and Syntactic Theory*), 開拓社.

はじめての日中対照言語学
―語順と構造―

徐　佩伶

I　語順類型論

　語順類型論の先駆者である Greenberg（1963）は，他動詞文の**基本語順**における動詞（V）と主語（S）と目的語（O）の位置に基づき，世界の言語を「SVO」「SOV」「VSO」の三つに分類しています．日本語では，主語と目的語が動詞の左側に現れるという「SOV」語順を用います．それに対して，中国語と英語では主語が動詞の左側に，目的語が動詞の右側に現れるという「SVO」語順を用います．具体例を示すと，(1) のようになります．

(1)　　a.　日：　彼が　本を　買う。　　　（SOV）
　　　　b.　英：　He　buys　a book.　　　（SVO）
　　　　c.　中：　ta　mai　shu.　　　　　（SVO）
　　　　　　　　 彼　買う　本

　(1c) に示した中国語の例では，動詞と目的語の表層の位置関係を見ると，(1b) に示した英語の例と同様に「主語（S）－動詞（V）－目的語（O）」という語順になっています．このように，中国語の他動詞文は英語同様，動詞が目的語に先行するという「**主要部前置型**」のパターンを持つと言えるでしょう．他方，日本語の他動詞文は，動詞が目的語の後ろに置かれるため，「**主要部後置型**」のパターンを持つことになると考えられます．他動詞文のほかに，前置詞句・後置詞句にも「**主要部前置型・後置型**」のパターンが見られます．具体例を (2) に示します．

(2) a. 日： バンコク に　　　　　（角田 2010: 9，(2-16)）
　　b. 英： **in** Bangkok　　　　　（角田 2010: 9，(2-17)）
　　c. 中： **zai** mangu
　　　　　 に　バンコク

　(2a) の日本語の例では，名詞句の後ろに後置詞が現れており，他動詞文のパターンと同様に「主要部後置型」です．(2b) と (2c) はそれぞれ英語と中国語の例ですが，どちらも前置詞が名詞句の前に現れており，他動詞文のパターンと同様に「主要部前置型」です．

　ところが，主要部が「前置型」か「後置型」かは一つの言語の中で一貫しないことがあります（角田 2010）．例えば，英語は，形容詞と名詞の語順においては，日本語と同様に名詞が形容詞の後ろに現れるという「主要部後置型」のパターンを用いるのに対し，関係節と名詞の語順においては，名詞が関係節に先行するという「主要部前置型」のパターンを用います．具体例を (3) と (4) に示します．

(3)　形容詞と名詞
　　a. 日： 大きい **家**　　　　　（角田 2010: 9，(2-41)）
　　b. 英： a big **house**　　　　（角田 2010: 9，(2-42)）

(4)　関係節と名詞
　　a. 日： ［昨日，犬を殺した］**男**は家に居る。
　　　　　　　　　　　　　　　　　（角田 2010: 9，(2-53)）
　　b. 英： **The man** ［who killed a dog yesterday］ is in the house.
　　　　　　　　　　　　　　　　　（角田 2010: 9，(2-54)）

　では，中国語の場合はどうでしょうか．(5a) は形容詞と名詞の例であり，(5b) は関係節と名詞の例です．表層の語順では，非修飾語の名詞（「fangzi（家）」，「nanzi（男）」）が修飾語（形容詞と関係節）の後ろに現れるという点で日本語と類似しています．

(5) a. 中：hen　　　da　　de　**fangzi**
　　　　非常に　　大きい　DE　家
　　b. 中：[zuotian sha-le　　na-tiao　　gou de] **nanzi** xianzai zai fangzi li
　　　　昨日　殺す-ASP あの-CL 犬 DE 男　今　に　家　中

中国語では，二つの語が「修飾語」と「被修飾語」の関係（「形容詞/関係節」と「名詞」，「副詞」と「動詞」）となると，被修飾語が修飾語の後ろに現れるという「主要部後置型」のパターンを見せています．この点では中国語は日本語と共通しています．副詞と動詞の例を（6）に示します．（6a）と（6b）から分かるように，中国語も日本語と同様に主要部の動詞が副詞の後ろに現れ，「主要部後置型」のパターンを用います．

(6) a. 日：　ゆっくりと　　**走る**
　　b. 中：　manman（de）　**pao**
　　　　　　ゆっくり（と）　走る
　　c. 英：　**run**　slowly

以上をまとめると，他動詞文に関しては，日本語はSOV語順を用いる「主要部後置型」となり，中国語はSVO語順を用いる「主要部前置型」となります．しかし，修飾語と被修飾語の語順となると，中国語は日本語と同様に「主要部後置型」となります．つまり，日本語の場合は語順の一貫性があるのに対して，中国語の場合はないということが分かりました．一貫性がないということは，どちらか一方の語順は基底の構造をそのまま保つもので，もう一方の語順は基底の構造から派生したものだと考えられるでしょう．

II　語順と文法関係

　中国語の他動詞文の基本語順が「SVO」であることを前節で述べまし

たが，この語順によって語と語の表層の文法関係が決まることが多いです．具体的には，述語と主語，目的語との間の文法関係は「語順」と密接に関係しているのです．（7）では，三人称代名詞の「ta（彼）」と一人称代名詞の「wo（私）」に語形変化は見られませんが，中国語において，述語にとって主語なのか目的語なのかは，その述語の前に現れるのか後ろに現れるのかという位置関係によって決まります．

 （7） a. ta da wo.
     彼 殴る 私
    '彼が 私を 殴った．'
   b. wo da ta
     私 殴る 彼
    '私が 彼を 殴った．'

（7a）における「ta」は述語の前の位置に現れており，日本語に対応させると「ガ格」を持つ主語となります．（7b）における「ta」は述語の後ろの位置に現れ，日本語に対応させると，「ヲ格」を持つ目的語となります．「**主格**」や「**対格**」を標示するような文法要素は中国語には見られません．

 日本語には，主語を標示する格は「ガ格」のほかに「ニ格」があります．また，目的語を標示する格も「ヲ格」のほかに「ガ格」があります．いずれの**格標示**でも中国語に対応させると，（8b）に示す例のように，主語が述語の前に，目的語が述語の後ろに現れるということに変わりがありません．

 （8） a. 日：彼に 日本語が 話せる。
   b. 中：**ta** hui shuo **riyu**．
       彼 できる 話す 日本語

 さらに，日本語には格標示があるため，語順が変わっても語と語の文

法関係に影響が及ばないことが注目されます．(9a) に示している日本語の他動詞文は SOV 語順となっていますが，(9b) に示す例のように，OSV という**かき混ぜ語順**も可能です．(9c, d) では，名詞句が述語の後ろに置かれても語と語の文法関係と意味解釈が大きく変わることはないのです．

(9) a. 人が 虎を 食べる．
　　b. 虎を 人が 食べる．
　　c. 人が 食べる，虎を．
　　d. 虎を 食べる，人が．

一方，格標示を持たない中国語では，語のかき混ぜが日本語より厳しく制限されています．(10c, d) に示す例のように，語順を変えると，語と語の文法関係が変わるほか，文の解釈も曖昧になってきます．

(10) a. ren　chi　laohu.
　　　　人　食べる　虎
　　　　'人が虎を食べる．'
　　b. laohu chi　ren.
　　　　虎　食べる　人
　　　　'虎が人を食べる．'
　　c. ren, laohu chi.
　　　　人　虎　食べる
　　i. '人は，虎を食べる．(ライオンを食べない)'
　　ii. '人なら，虎が食べる．(サルなら (虎が) 食べない)'
　　d. laohu, ren chi.
　　　　虎　人　食べる
　　i. '虎を，人が食べる．(サルが (虎を) 食べない)'
　　ii. '虎は，人を食べる．(サルを食べない)'

(10a, b) に示した中国語の他動詞文は SVO の基本語順で表わされ，名詞句が主語か目的語かは，述語との位置関係を見れば明確です．名詞句の「ren（人）」を例に挙げますと，(10a) では述語「chi（食べる）」の前に現れ，文の主語となり，(10b) では述語の後ろに現れ，目的語となります．「laohu（虎）」についても同じことが言えます．しかし，(10c, d) に示した例では，名詞句の「ren（人）」と「laohu（虎）」が同時に動詞の左側に現れ，名詞句と述語「chi（食べる）」との文法関係が語順から判断できなくなります．さらに，中国語には格標示がないため，名詞句を主語にも目的語にも解釈することが可能であり，文が曖昧となります．例えば，(10c) では，「laohu（虎）」が動詞の直前の位置に現れていますが，目的語の「対象（Theme）」として解釈される場合 (10c-i) と，主語の「動作主」として解釈される場合 (10c-ii) があります．(10d) に示した文も同じように曖昧な文となります．

　なお，こうしたかき混ぜが中国語では常に許されるわけではありません．(11) に示す例のように，名詞句が動詞の右側に位置すると，いずれも容認できない文となります．

(11)　a.　*chi　　　laohu,　ren.
　　　　　食べる　　虎　　　人
　　　b.　*chi　　　ren,　　laohu.
　　　　　食べる　　人　　　虎

(11) では，動詞の直後に現れる名詞句は目的語として解釈できますが，文の最後に現れる名詞句は動詞との文法関係が不明であり，文全体の意味がとれなくなります．つまり，中国語では SVO の基本語順をいったん崩してしまうと，(10c, d) に示した例ように語と語との文法関係も解釈も一層複雑になり，(11) に示した例のように非文になることもあります．これらのことから，中国語では，基本語順が語と語の文法関係を維持するのに重要な役割を果たしていると言えるのでしょう．

　この節の最後に，(10c, d) に生じた文の**曖昧性**についてもう少し触

れたいと思います．この曖昧性が表層の語順だけでは捉えられないことは明らかです．そこで，語順よりさらに重要な概念を用いる必要があります．それが**構造**というものです．生成文法では，(10c, d) に現れる複数の解釈それぞれについて、それと対応する**基底構造**があると考えます．基底構造では語と語の文法関係が決まり，そこからいくつかの統語操作を経て表層の語順にいたります．つまり，かき混ぜ語順の場合は，意味解釈に応じて文が最初から違った基底構造を持つ可能性があります．ただし，基底構造を仮定しても，あらゆる表層の語順が中国語の中でいつでも文法的であるわけではありません．(11) に示した例の語順はまさに許されないパターンの一つです．中国語では，目的語が，例えば (10c, d) に示した例のように，**話題化や焦点化**のような統語環境において動詞の左側に現れることがありますが，主語が動詞の右側に現れることがありません．動詞句全体が文頭に移動することや，主語が動詞の右へ移動することなども，いずれも中国語では許されない統語操作です．中国語は日本語ほど語を恣意的にかき混ぜることはできないのです．

III　非対格動詞

　中国語の主語が他動詞文において動詞の右側に現れないという例を前節で見ました (11)．この節ではあるタイプの述語の場合は主語がその右側に現れうるという事実を紹介します．

　主語は英語，日本語，中国語を含む多くの言語の中で，述語の左側に現れます（基本語順において）．中国語の他動詞文及びほとんどの自動詞文の場合も主語が述語の左側に現れますが，例外があります．例外の一つとして挙げられるのは「**場所句倒置構文**」の場合です．具体例を (12) に示します．場所句「yizi-shang（椅子の上）」が動詞の左側（主語位置）に生起し，「zuo（座る）」という動作を行う人（動作主）の「laotaitai（お婆さん）」が動詞の右側に現れています．

(12) yizi-shang zuo-zhe **yi-wei laotaitai**.
椅子-上 座る-ASP 一-CL お婆さん
'椅子の上にあるお婆さんが座っている.'

もう一つの例外は**非対格動詞**の場合です．具体的に言いますと，自然現象を表す「gua（吹く）」「xia（降る）」「da（鳴る）」「kai（咲く）」のような動詞と，存在・出現・消失を表す「si（死ぬ）」「lai（来る）」「you（有る）」のような動詞のことです。これらの動詞では，主語がその右側に現れてもよいのです。つまり，通常は「SV」である語順はこれらの類の動詞となると「VS」という語順となります。具体例を（13）と（14）に示します。

(13) 自然現象
    a. gua feng.
       吹く 風
       '風が吹く.'
    b. xia yu.
       降る 雨
       '雨が降る.'
    c. da lei.
       鳴る 雷
       '雷が鳴る.'
    d. kai hua.
       咲く 花
       '花が咲く.'

(14) 存在・出現・消失
    a. si ren le.
       死ぬ 人 ASP
       '誰かが亡くなった！'

b. lai　　ren.
　　　　 来る　人
　　　　'誰かが来い！'
　　　c. nali　　　you　　　tiao gou.
　　　　 あそこ　ある/いる　匹　犬
　　　　'あそこに犬がいる！'

このような「VS」語順の例は中国語の中でも限られており，目の前の現象を描写する場合にしか使われません．これらの VS 語順の例を SV 語順にすると，自然描写の文から話題を持つ文となり，主語であった名詞句が主語ではなく，主題，いわゆる叙述の対象となります．その例を（15）に示します．

（15）a. yu　　xia-qilai　　le.
　　　　 雨　降る-出す　ASP
　　　　'（雨が降るかどうかということが話題になっていて）雨が降り出した．'
　　　b. hua kai　le
　　　　 花　咲く　ASP
　　　　'（開花を待ちに待って）花が咲いた．'
　　　d. ren lai　le.
　　　　 人　来る　ASP
　　　　'（話題になっている特定の人物を指し）その人が来た．'

　日本語の非対格動詞を含む文はすべて SV 語順を用いますが，その主語となるものは他動詞の目的語と同じような振る舞いをします（長谷川 1999，岸本 2010）．日本語の非対格動詞（eg.「割れる」）はそれに対応する他動詞（eg.「割る」）をもつことが多く，「走る」「踊る」のような「非能格動詞」と呼ばれる自動詞と区別されています．「非対格動詞」と「**非能格動詞**」は結果を示す表現との共起において異なる統語的な振る

舞いを見せます．具体例を（16）と（17）に示します．

(16)　＊**朋子が**クタクタに踊った。　　　　（長谷川 1999:73,（67a））

(17)　a.　**お皿が**真二つに割れた。　　　　（長谷川 1999:73,（68b））
　　　b.　麻子が**お皿を**真二つに割った。　（長谷川 1999:74,（69b））

（16）では，非能格動詞（「踊る」）が結果を示す表現（「クタクタ」）と共起すると，文は容認されません．それに対して（17）では，非対格動詞（「割れる」）と他動詞（「割る」）が結果を示す表現（「真二つ」）と共起できます．また，意味に関しても，結果を示す表現は非対格動詞の主語（「お皿」）や，他動詞の目的語（「お皿」）の状態について言うことができますが（17），非能格動詞の場合はそれができません（16）．非対格動詞は非能格動詞と同じように一つの項しか取らないが，統語的には非能格動詞より他動詞のほうに似ています．このような非対格動詞と非能格動詞による統語的な違いは，それぞれが持つ異なった基底構造に帰結させられると考えられています．非対格動詞の場合は，それが取る唯一の項が，表層では動詞の左側の主語の位置に現れますが，基底では他動詞の「目的語」と同じ位置（内項の位置）に生成するとします．非能格動詞の場合は，それが取る唯一の項が基底で他動詞の「主語」と同じ位置（外項の位置）に生成するという構造を持つとします（岸本 2010）．そう仮定すると，他動詞と非対格動詞，非能格動詞の基底構造の概略を（18）のように示すことができます．

(18)　a.　他動詞：　　　[$_{VP}$ S [V O]]
　　　b.　非対格動詞：[$_{VP}$　　[V S]]
　　　c.　非能格動詞：[$_{VP}$ S [V 　]]

（18b, c）に示した構造から分かるように，非対格動詞と非能格動詞が取る項が基底構造では異なる位置を占めています．表層では，日本語

の非対格動詞の主語が**受身文**の主語と同様の統語操作を経て動詞の左側（すなわち文の主語位置（IPの**指定部**））に移動し，SV語順をなします．中国語の場合は，(13)と(14)に示した非対格動詞が日本語の主語と同じような統語操作を受けず，主語が表層でも動詞の右側に位置し，VS語順のままとなっています．日本語と中国語は非対格動詞を含む文において語順が異なっていますが，基底では同じような構造を持っていると考えられます．このように，中国語と日本語は個別言語独自の特徴を持ちつつも，言語の普遍的な特徴も併せ持っていると言えるでしょう．

参考文献
〈単著・編著〉

Greenberg, J. H. (1963). Some Universals of Grammar with Particular Reference to the Order of Meaningful Elements. In Greenberg, J. H. (Ed.), *Universals of Human Language*, 73-113. Cambridge, Mass: MIT Press.
長谷川信子（1999）『生成日本語学入門』大修館書店
影山太郎・沈力（2011）『日中理論言語学の新展望〈1〉統語構造』くろしお出版
岸本秀樹（2010）『統語構造と文法関係』くろしお出版
Li, C. N., Thompson, S. A. (2003). *Mandarin Chinese*. The Crane Publishing.
角田大作（2010）『世界の言語と日本語 - 言語類型論から見た日本語』くろしお出版

「反比例」ってどんな関係？

水本 豪

I 「反比例」とは？

多くのみなさんにとって，「反比例」と言われて思いつくのは，きっと（1）のようなグラフではないでしょうか．

（1） 一般的な反比例のグラフ（第1象限）

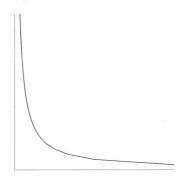

小学校高学年で学習するこの「反比例」について，『広辞苑』第六版には（2）のように記載されています．

（2） 一つの量が他の量の逆数に比例すること．逆比例．

『広辞苑』第六版

（2）の関係を具体的に数値で示すと，（3）のように，x が n 倍になれば y は $\frac{1}{n}$ 倍になるという関係になり，x と y の積が常に一定になるという

性質を有しています．では，「反比例」という言葉は常にこのような関係のみを表すのでしょうか．

(3) 反比例の例 ($y = \dfrac{10}{x}$)

x	1	2	4	5	8	10
y	10	5	2.5	2	1.25	1
$x \times y$	10	10	10	10	10	10

II　ある冬の日の早朝，通勤電車の中で…

　ある冬の日の早朝，通勤電車の中で大学の教員と思しき 2 人の人物が次のような会話を交わしていました．

(4)　A：今日は寒いですね．
　　　B：そうですね．そのせいか，今日はこの電車に乗っている学生が少ないような気がしませんか．
　　　A：確かに．寒さと学生の数が反比例している，ん？比例かな．

さて，この会話の中で「反比例」という言葉が使われていますが，果たして（1）から（3）に示した関係を表しているでしょうか．（4）の下線部の A さんの発話から推測されるのは，寒さが増せば（早朝の電車に乗っている）学生の数が減るという関係かと思われます．（1）のグラフの横軸に寒さの度合い，縦軸に早朝の電車に乗っている学生の数を当てはめると，何となく表したい意図が表現されているようにも思われます．しかし，少なくとも A さんは，寒さの度合いと学生の数の積が一定になるような関係を想定してはいないはずです．そして，自分が表そうとしていた関係が，実際は（1）のような「反比例」の関係ではなく，むしろ，（5）のような傾きに負の値をとる「比例」関係であると気づき，「比例かな．」という発言に繋がったのではないでしょうか．

(5) 傾きに負の値をとる比例のグラフ（第1象限）

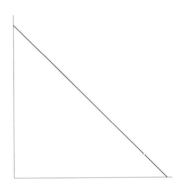

　このように,「反比例」という言葉が使われていても，実際には「比例」の関係を表していることがあります．では，このようなことはAさんに限ったことなのでしょうか．それとも，一般的に使われる表現なのでしょうか．そこで,**『現代日本語書き言葉均衡コーパス』**（BCCWJ）に収録された言語データについて「反比例」の使用例を調べてみました．

Ⅲ 「反比例」の使用例から

　国立国語研究所によって構築された『現代日本語書き言葉均衡コーパス』（BCCWJ）およびweb上の検索アプリケーション**「中納言」**を用いて,「反比例」という言葉がわたしたちのまわりで実際にどのように使われているかを調査しました．この『現代日本語書き言葉均衡コーパス』（BCCWJ）には，書籍や雑誌，国会議事録，教科書，さらにはウェブ文書まで幅広い言語データが収録されています．ここでは，それらのうち，教科書と韻文を対象から除外し検索を行いました．その結果，113例に「反比例」という言葉が使用されていました．ただし，これらのうち，明らかに数学的・物理学的法則に関する内容で，(1)に示した反比例に該当するものがあったため，それらを除外した使用例を分析対

象としました．分析対象としたものの一部を（6）に示しています．

(6) BCCWJ 収録データ中の「反比例」
 a. たいていの学校では特別な一，二の教科から評定「1」が続出することがある．一般的にいえば評定「1」の数は成績判定の基準の厳しさに比例し，授業技術に反比例するといえよう．つまり，生徒に対する要求が高く，授業技術が拙劣であれば評定「1」は最も多い，ということである．
  （坂本秀夫　校則の話　生徒のための権利読本　三一書房 1990）
 b. 社会の認識度が進むに従いまして，差別ということはこれと反比例して低下していくということが，今までの経験で私は確かに確認しております．
  （国会会議録／衆議院／社会労働委員会　第 113 回国会 1988）
 c. ところが今の日本人を見ると，衣も食も充分過ぎるほど充分ですが，礼節は反比例して減っていきます．
  （鈴木健二　女らしさ物語　小学館　1982）
 d. 占いを当たる当たらないの観点でのみ計るのはそれこそ大真面目だし，笑いのタネにはなるのだ．あ，でも占う人間の顔が見えれば見える程に信頼性は反比例していく気も．
  （Yahoo! ブログ　Yahoo!　2008）

(6) に示した例はいずれも（4）の用法に近いように思われます．さらに，(7) のように文中に数値が用いられているものもあり，それらの例をみると，(1) に示した関係ではないことが窺えます．

(7) a. ことしの巨人軍の成績はきっと，ミーティング時間の長さに反比例しまっせ．三十分なら 3 位，二十分なら 2 位，0 分なら 0 位．
  （坂東英二　プロ野球ここを喋る奴はウチから出ていけ

「反比例」ってどんな関係？

　　　　ここまで知られたら非常事態　青春出版社　1986）
  b. 「イエス」と答えたフィリピン人が九十四％で第一位であり，日本人が六十四％でビリであった．ちなみにインドネシアも九十四％であり，他方，ビリから二，三番が台湾，韓国であったという．経済力と幸福度がちょうど反比例しているのだ．
　　　　（川人博　「東大卒」20第の会社生活　受験戦争の勝者たちの今　かもがわ出版　1994）
  c. カルシウムの吸収率は，摂取量と反比例します．1日の摂取量が百五十ミリグラム以下では五十九.三％，それが千ミリグラムでは二十三.九％までに低下します．
　　　　（岸本徹夫　サンデー毎日 2005 年 10 月 9 日号（第 84 巻第 49 号，通巻 4721 号）毎日新聞社　2005）

(7) の例が本当に (1) に示した意味での反比例を表しているのであれば，関係する2つの数値の積が一定になるはずです．しかし，(7a) におけるミーティング時間と順位の積，(7b) における（幸せですかという問いに対する）「イエス」の回答率と経済力の順位の積，(7c) におけるカルシウムの吸収率と摂取量の積はいずれも一定にはなりません．どの例も，一方が増えればもう一方は減るという (4) の用法に近いようです．

　これらの例に加え，もはや関数としての関係さえも想定できない (8) のような例も観察されました．

(8)　a. 「ヘラの髪，可愛い？」「はい．とてもお似合いです」「ありがとー．クラキも可愛いよ」「恐縮です」「臆面もなくよく言えたわ．あんたら何人よ」　喜ぶヘラに反比例して白けた顔で，エリカが吐き捨てる．
　　　　（高里椎奈　本当は知らない　薬屋探偵妖綺談　講談社　2001）

  b. 外見も内面もものすごくインパクトのある大柄な女性です．一目見れば絶対にわかります．…本名はええと…　メアリー・スミス少佐殿です．本人の衝撃力に反比例して，あまりにも平凡すぎる名前のせいか，部下の私たちですらすぐ忘れちゃうんですよ．
   （津守時生　三千世界の鴉を殺し　新書館　2005 年）
  c. 彼はデスクの上で両手を組んだ．顔の赤さに反比例した白い手だった．
   （ジョナサン・レセム／浅倉久志訳　銃，ときどき音楽　早川書房　1996）
  d. 右手の軽やかさに反比例して左手が少し重い．少しだけテンポを落として明日は練習します．
   （Yahoo! ブログ　Yahoo!　2008）

　(8) の例はいずれも，一方の程度ともう一方の程度に関数的関係があることを示しているというよりは，単に「対して」や「〜とは逆に」のような対比の意味を表す接続詞に近いはたらきをしているように思われます．
　このように，「反比例」という言葉がどのように用いられているかを調べた結果，(1) のような数学的な反比例を表す用法に加え，一方が増えればもう一方は減るといった，傾きに負の値をとる比例関係を表す用法，さらには接続詞に近いはたらきをする用法があることがわかりました．では，このような用法は昔から用いられていたのでしょうか．それともごく最近用いられるようになったのでしょうか．

IV　文豪も用いていた「反比例」の用法

　上で紹介した「反比例」の用法がごく最近用いられるようになったものであるのか，それとも比較的以前から用いられていたものなのかを知るために，**青空文庫**（http://www.aozora.gr.jp/）に収録された文学作品を対象に調査しました．この「青空文庫」は 1997 年に数名の有志によ

り始められたオンラインの無料アーカイブで，著作権が消滅した作品や著者が許諾した文学作品が収録されています．調査の結果，(1)の関係を表さない「反比例」の使用例が明治時代半ばから大正時代には既に存在していたことがわかりました．

(9) a. 今日の娘子軍に求むべからず，蓋し吾人が之を求め得ざりしは其眼界の狭きが為ならん，而れども方今の人心は其外界の進歩に殆ど反比例して，其撲茂，忠愛，天真の如き品格を消耗して，唯物質的の快楽を遂ぐるに…
  （山路愛山　英雄論　明治廿三年十一月十日静岡劇場若竹座に於て演説草稿　「女学雑誌」　1891）
 b. ただし愛せらるるの資格ありと自信して，愛するの資格なきに気のつかぬものがある．この両資格は多くの場合において反比例する．愛せらるるの資格を標榜して憚らぬものは，いかなる犠牲をもあいてに逼る．相手を愛するの資格を具えざるがためである．
  （夏目漱石　虞美人草　「朝日新聞」　1907）
 c. Kの神経衰弱はこの時もう大分よくなっていたらしいのです．それと反比例に，私の方はだんだん過敏になって来ていたのです．
  （夏目漱石　こころ　「朝日新聞」　1914）
 d. 彼は大いに強硬な意思を持っていると，必ずそれに反比例する，いかにもやさしい声を出した．馬琴はこの声を聞くと，再び本能的に顔をしかめた．
  （芥川龍之介　戯作三昧　「大阪毎日新聞」　1917）

このように，数学上の定義とは異なる「反比例」の用法がおよそ100年前には存在していたことが窺えます．明治・大正期の文豪も，今と同じような「反比例」の使い方をしていたのです．

V おわりに 〜説明の可能性〜

これまで見たように，数学的な概念として用いられる「反比例」という言葉が，実際には数学的に反比例していない関係に対しても比喩的に用いられていました．では，この用法はどのようにして生まれたのでしょうか．最後に少しだけ考えてみたいと思います．

わたしたちが「比例」という言葉を聞いたとき，いわゆる傾きに正の値をとる（10）のような関係を想像するかと思います．

(10) 傾きに正の値をとる比例のグラフ（第1象限）

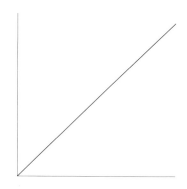

さらに，(10) のような，「一方が増えればもう一方も増える」の逆にある関係を想像することを求められたならば，「一方が増えればもう一方は減る」という (5) に示した負の傾きをとる比例関係を想像するのではないでしょうか．これと同じように，「反比例」という言葉を「反」＋「比例」に分解し，「反」＝「反対」＝「逆」と考え，「反」＋「比例」を「比例」の「逆」であると捉えた結果，「一方が増えればもう一方は減る」という関係に対しても「反比例」という言葉が使われるようになったのではないでしょうか．さらに，「一方が増えればもう一方は減る」という用法から，「二者の関係が逆になる」という点だけが抽出された結果，接続詞に近い用法が生まれたと推測されます．ただし，この

「反比例」ってどんな関係？

説明が妥当なものであるか否かについては，さらなる検討を要するものと考えます．

　以上，わたしたちが算数・数学で習った「反比例」について，習った内容とは異なる関係に対しても「反比例」という言葉が使われていることを見てきました．また，そのような用法は既に明治・大正時代の文学作品にも存在していました．

　(4) の A さんは，自分で使いながらも，ふと立ち止まり，「比例かな？」と疑問を呈しました．そのような小さな疑問は，その疑問の大きさに「反比例」するかのような，言葉の不思議の広い世界へ私たちを誘ってくれるのかもしれません．

参考文献
新村出（編）(2008)『広辞苑』第六版　岩波書店．

「青空文庫」　http://www.aozora.gr.jp
「現代日本語書き言葉均衡コーパス」（BCCWJ）　国立国語研究所
　　　　　　　　　　　　　　http://pj.ninjal.ac.jp/corpus_center/bccwj/

言語習得論

子どものことばから大人の文法が見える！
― 日本語の主語の格助詞に注目して ―

團迫　雅彦

I　はじめに：子どもとことば

　ここでは，子ども（特に幼児）のことばを通して大人の文法について考えてみましょう．子どもは日々心身ともに成長しますが，手や足の大きさ，身長，体重，握力など大人の方が優っている（数値上大人の方が大きいということですが）ところがいくつもあります．ところが，ことばの成長という点では大人は子どもに全く敵いません．特に，語彙爆発（vocabulary burst）と呼ばれるように，語彙の爆発的増加は大人は全く歯が立ちません．我々大人であれば，例えば外国語を新たに学習する際，単語帳などを繰り返し読んで，大事な箇所には線を引いたりして苦労して単語を覚えなければなりませんが，子どもたちは簡単に覚えてしまいます．具体的には，だいたい1歳半くらいから語彙の爆発的増加が始まり，就学前期までに3,000から10,000語程度の語を獲得するそうです．これと同様の爆破的成長が文法面にも見られると言われています．こちらは語彙爆発より少し遅れて2歳前後から始まりますが，文法爆発（grammar burst）と呼ばれる時期があります．文法の中のあらゆる側面がこの時期に一気に現れる時期とされています（岩立・小椋（編）(2005)）．

　しかし，そのように急成長を遂げる子どもでも，ある時期までは一定の間違いを見せることがあります．語彙の間違いということで言えば，「ワンワン」という語を覚えた子どもは，4本足の動物や無生物に対しても「ワンワン」と呼ぶことがあります．その後，4本足でも呼び名が種類によって異なることを学習し，正しい名前を覚えていくようです．

確かに大人からすれば例えば机を「ワンワン」と呼ぶのは間違っているということになりますし，どこか可愛らしい間違いと思えるかもしれません．しかし，「4本足のものの名前はワンワンである」という仮説を子どもなりに立て，それを実際に使いながらその名前が正しいかどうかを確かめているとも見ることができます．もしこのような仮説検証のプロセスを子どもがたどっているとすれば，言語の獲得に対し，非常に合理的なアプローチを取っていると言えます．また，文法の間違いということで見ていくと，英語を母語として獲得する子どもは動詞 come の過去形を came ではなく comed にしてしまうことがあります．他にも go であれば went ではなく goed にするような誤りもあります．これらは，動詞に -ed をつければ過去形になるという規則を不規則動詞にまで当てはめてしまっていると考えることができるでしょう．ですがよく考えてみると，不規則に活用変化してしまう動詞を持っている大人の方が不合理かもしれません．何に対しても -ed を付けた方が全体の整合性が取れるので，実は子どものやり方の方が理に叶っているとも言えます．このように見てくると子どもの文法上の間違いというのも，何かそこに見えない決まりごとや秘密がありそうです．ここでは特に文法上の興味深い間違いに注目してみたいと思います．次の節からはそのような例の一つとして，日本語の主語と格助詞について考えていきましょう．

II 日本語における主格主語の二つの用法

日本語は主語や目的語を表す方式として，「が」や「を」などの格助詞という専用の形式を用います．格助詞はそれが付く名詞が述語に対して働く格を形態的に示す要素です．さて，「が」は単に主語を表すだけではなく，その用法には二種類のものがあるとされてきました．

例えば，久野（1973）で挙げられている（1）と（2）を見てみましょう．これらの「が」格主語はすべて，観察できる動作や一時的状態を表しており，**中立叙述**（neutral description）と呼ばれています．これらの文の書き手や話し手は第三者的な立場に立って，すでに起こった，ある

いは目の前で起きている出来事を中立的に述べたものと解釈することができます．例えば，(1a)であれば「が」格が付されている「太郎」が「見舞いに来」たという出来事を話者（あるいは筆者）の立場から記述した文であるということができます．また，(2a)では，この文を発している今の一時的状態の「空」の様子を「青い」として記述しています．そして，この場合においても主語に「が」格が付されています．

(1)　述部が動作や存在を表す場合
    a.　太郎が見舞いに来てくれた．
    b.　手紙が来た．
    c.　雨が降っている．
    d.　机の上に本がある．
    e.　おや，あそこに太郎がいる．

(2)　述部が一時的な状態を表す場合
    a.　空が青いね．
    b.　大変だ，太郎が病気だ．

一方で，(3)でも同じように主語に「が」格が付されていますが，その場合の解釈が(1)や(2)と異なることが指摘されています．こちらも久野(1973)で挙げられている例です．(3a)を例にとって考えてみましょう．太郎の他にも二郎や三郎がいて，その中で太郎と二郎だけが学生であったという状況を想定してみてください．その場合，「誰が学生ですか？」と聞かれて(3a)のような返答を返すことは可能でしょうか．どこか物足りなさを感じるのではないでしょうか．これが，「が」格が持つもう一つの用法とされる**総記**(exhaustive listing)です．「総記」とは該当する物や人を余すところなく列挙するという意味です．つまり，(3a)の場合の「が」格は「太郎だけ」を示していることになります．だから，先ほどの質問に対しては，太郎以外にも二郎も学生であるにもかかわらず，(3a)のような答え方をしてしまうと，太郎だけが

学生であるというような印象をもたせてしまい，不適切になってしまうわけです．

(3) 述部が恒常的状態や習慣的動作を表す場合
 a. 太郎が学生です．
 b. 猿が人間の祖先です．
 c. 太郎が日本語を知っている．
 d. 太郎が日本語ができる．
 e. 僕がお寿司が食べたい．

このように，日本語の「が」格主語には大きく分けて二つの異なる用法があることがわかります．この二つの異なる用法を持つ「が」格主語を，今度は方言という別の視点から探っていきましょう．

Ⅲ　熊本方言の主語に現れる二つの格助詞

さて，これまで述べてきた「が」格主語ですが，形としてはどちらの解釈の場合も「が」が現れていて区別は難しく，中立叙述か総記の意味になるかは，結局は述語の解釈に依拠することになります．標準語（全国共通語）ではこのようになるわけですが，方言の中にはこの二つの用法を形態的に区別するものがあります．西岡（2013）は次のような熊本方言の例を挙げています．(4)は中立叙述の解釈になる文ですが，主語には標準語（全国共通語）の「が」と異なり，「の」が現れています．一方で，(5)のように総記の解釈になる場合は，「が」のみが許されています．

(4) 中立叙述の「の」（熊本方言）
 a. 手紙の来た．
 b. 雨の降りよる．
 c. 机の上に本のある（たい）．

d. おや，あそこに太郎<u>の</u>おる（たい）．

(5) 総記の「が」（熊本方言）
　　　a. 太郎<u>が</u>／*の　学生（です）たい．
　　　b. 猿<u>が</u>／*の　人間の祖先（です）たい．
　　　c. 太郎<u>が</u>／*の　日本語が／の　でくる．

　このように見てくると，熊本方言では主語に付す格助詞を「が」でも「の」でも適当に付けているわけではなく，解釈によってどちらの格助詞を用いるかを明確に区別しているということがわかります．考えてみるととても不思議なことですが，このような使い分けは親や先生から直接「述語が「降りよる」のときは主語を「雨の」にするんだよ」と教わるわけではありません．それでも熊本方言話者は正確に使い分けることができます．もちろん周りの人が言っているから何度も聞いているうちに自然に習得できたと考えることもできるでしょう．しかし，(5)の総記の場合に主語に「の」を付すことはできない，ということはどのように知ることができるのでしょうか．「の」が付く総記解釈の文は周りの人たちは言わないということも関係があるのかもしれませんね．

　さて，少し脱線してしまいました．どのように熊本方言話者がこの制限を習得するのかは興味深い問題ですが，どのように習得するにせよ，熊本方言に「の」を使える場合と使えない場合があるのは確かです．しかし，その使い分けは標準語（全国共通語）と同じで意味解釈という共通の土台に立っていることがわかります．異なるのは主語に付く格助詞の形です．では，今度は子どもが話す文の主語ではどのようになっているのか，ということが気になります．次の節では本題である子どもの「誤り」について見ていきましょう．

IV　子どもが話す文の主語に現れる格助詞

　さて，この節で子どもの「誤り」について確認する前に，データの出

所について確認しておきましょう．言語獲得研究は子どものことばを研究する分野で，そのデータはいろいろな方法で手に入れることができますが，今回は子どもの大規模発話データベースである CHILDES（Child Language Data Exchange System）を用います（MacWhinney（2000））．CHILDES に収められているデータはウェブ上から取得できます．また，検索などのためのツールも公式ホームページからダウンロードできます．使い方などの詳細は宮田（編）（2004）をご参照ください．

では，本題に戻りましょう．子どもの格助詞の発現自体は個人差もありますが，割と早く 2 歳前後から始まると見て良いかと思います．次の例はいずれも 2 歳の段階で「が」格主語が用いられた発話です．ここでは Aki と Ryo という子どもの発話を記しました．

(6)　子どもの「が」格主語
　　a.　ほんがない．　　　（2 歳 3 か月の時点での Aki の発話）
　　b.　うみがあるよ．　　（2 歳 4 か月の時点での Aki の発話）
　　c.　これがいい．　　　（2 歳 1 か月の時点での Ryo の発話）
　　d.　これがあった．　　（2 歳 2 か月の時点での Ryo の発話）

これだけを見ると大人と同じように正しく言えているわけですが，次の会話のように主語に対し「の」を付していると思われる例も観察できます．この例では，子どもは「氷の」というように主語に「の」を付しています．

(7)　子：xxx 作ろうか．
　　父：え？
　　子：氷のいっぱいある，ほれ．
　　　　　　　　　　　　（2 歳 8 か月の時点での Jun の発話）

他の例も見てみましょう．こちらも子どもは「大男の」と主語が「の」で示されています．

(8) 大人：うさぎさんがポケットから落ちたよ．
　　 子：ぽん．
　　 子：あ，大男の入っちゃった。

　　　　　　　　　　　（2歳8か月の時点でのAkiの発話）

　こうした主語に対して「の」を付してしまう「誤り」は数自体は少ないものの以前から報告されていました（村杉（2014）など）．これは，周りの大人が熊本方言話者だった，ということではありません．大人は言っていないにもかかわらず，なぜか「の」が出てくるわけです．これはどのように考えたら良いのでしょうか．

　ここでちょっと大胆な仮説を考えてみましょう．標準語（全国共通語）を母語として獲得する子どもは，「の」格主語を生み出すような文法を備えていて，その後で周りの大人のことばを聞くうちに，「の」格主語を生み出さなくなるような文法にシフトする，とするとどうでしょうか．つまり，文法の初期設定としては標準語（全国共通語）ではなく，熊本方言であったと考えるわけです．このように文法の中のある部門において初期設定から再設定を行うという考え方は，生成文法理論と呼ばれる理論言語学研究の分野では1980年代頃からありますので，取り立てて珍しいものではありません（詳細は杉崎（2015）などをご参照ください）．さて，そのような仮説を立てた場合，次のような予測が成り立ちます．前節で述べたように，熊本方言では「の」が現れるのは中立叙述解釈の場合のみでした．もし子どもの文法の初期設定が熊本方言であるなら，「の」が主語の標示として使われる文でも中立叙述の解釈になるはずです．その観点に立ち，もう一度（7）と（8）の例を子どもの発話だけ抜き出して見てみましょう．

(9) a. 子：氷のいっぱいある，ほれ．
　　 b. 子：あ，大男の入っちゃった．

これらの例の中で使われている動詞は「ある」「入る」でした．（1）で

も示したように，述部が動作や存在を表す場合に中立叙述の解釈が成立するということでした．これらの動詞は動作や存在を表すと考えられますので，中立叙述解釈になっていると言えるのではないでしょうか．こうして考えると，先ほどの仮説はもっと検証が必要な部分はあるのですが，文法の初期設定は熊本方言であるという考え方はあながち全くの的外れというわけではないかもしれません．また，「誤用」というのも大人から見ると間違いのように思われますが，実は文法が日本語の中のある一方言の設定になっているために起こるものであると考えると，奇妙でおかしな「誤用」とは言えなくなるのではと思います．その方言文法の中では文法的に正しい普通のことばですから．

V　まとめ：子どものことばから大人の文法が見える！

　最後にまとめを述べて締めくくりとしたいと思います．このセクションでは子どもの「誤用」とされることばも，大人のことばにおける用法や方言と比較をしていくと実は大きなつながりがあり，文法の中にはいくつかの設定がある可能性を示唆しました．「子どものことばから大人の文法が見える！」と少々表題が大げさになってしまいましたが，言語獲得研究は単に子どものことばを考えるだけではありません．そこから大人のことばを対象にした研究に対して何らかのフィードバックや意味合いを与えられるようなアプローチを取ることで，これまで見えてこなかった子どもと大人のことばの間をつなぐ大きなリンクが現れることがあります．それこそが言語獲得研究の持つ醍醐味と言えるのではと思います．

参考文献
岩立志津夫・小椋たみ子（編）(2005)『やわらかアカデミズム・＜わかる＞シリーズ　よくわかる言語発達』ミネルヴァ書房．
久野暲（1973）『日本文法研究』大修館書店．
杉崎鉱司（2015）『はじめての言語獲得－普遍文法に基づくアプローチ』岩波書店．
西岡宣明（2013）「熊本方言からみる日本語の主語の統語位置」福岡言語学会（編）『言

子どものことばから大人の文法が見える！

語学からの眺望 2013』176-188. 九州大学出版会.
宮田 Susanne（編）(2004)『今日から使える発話データベース CHILDES 入門』ひつじ書房.
村杉恵子（2014）『ことばとこころ－入門 心理言語学』みみずく舎.
MacWhinney, Brian (2000) *The CHILDES Project: Tools for Analyzing Talk.* Mahwah, New Jersey: Lawrence Erlbaum Associates.

誤りを楽しむ第二言語習得論

隈上　麻衣

I　はじめに

　日本で生まれ育った多くの日本人が，**母語**である日本語の次に**第二言語**として英語を学びます．職場などで英語を使いこなし，更に種々様々な理由・動機により第三，第四言語に意欲的に挑む方もいます．その一方で，「長年英語を学んできましたが英語は喋れません．」という方も多くいます．学力・学歴に関わらず，難関大学や難関学部の出身者でもそう感じている方は少なくありません．英語での学会発表を控えた医師の友人の練習相手を引き受けた際に，冠詞や形態素（例：三単元の -s や複数の -s）が軒並み脱落していましたが，こういった現象は決して珍しいことではありません．受験のため当然のごとく基本的な英語文法は学んできており，話題の英語学習教材を使用し，毎週何本もの英語論文を読んでいるような人でさえ第二言語を完璧に使いこなすことはできない．そう聞くと，私たちはついつい「やはり日本人には英語習得は難しいんだ．」と感じ，「自分は英語は話せない．」「長く勉強したって出来るようにはならないんじゃ…．」という否定的な考えに陥ってしまいます．このような不安や自己不信感は古くから言語習得を阻害する要因として認識され，「**情意フィルター**」仮説（Krashen, 1982）がよく知られています．上手くできないと不安が募り，不安が募ると習得が滞る．では習得が進むためにはどうしたら良いか．ここでは発想を思いっきり転換して，上手くできないことを肯定的に捉える，つまり**誤用を楽しむ**ことを提案したいと思います．

II 「誤用」とは？

疲れてボォっとしている時に「皆でタノすとハナしいよね.」と言ってハッとした経験があります．これは発語・発話内の音が入れ替わる**メタセシス（音位転換）**と呼ばれる現象で，子どもの間違いの例としてよく知られています（例：トウモコロシ，スリベダイ）．成人であれば母語は習得済みであり，このような言い間違いを繰り返すということはまずありません．それに対して上述の友人医師の脱落現象は繰り返し起こります．第二言語習得研究ではこの二つをそれぞれ「間違い（mistake）」「**誤用（error）**」として明確に区別し，基本的に後者を研究対象とします．繰り返すということは何らかの原因により系統的に生じており，習得過程を明らかにする手がかりとなると考えられるからです．

III 誤用はなぜ起こるのか？

言語習得の途中段階を「**中間言語（Interlanguage）**」（Selinker, 1972）と呼びます．中間言語は習得しようとする**目標言語（target language）**とは異なるものの，学習者の母語などに起因する言語的規則によって統制された体系を持っていると考えられています．学習やコミュニケーションといったインプットによって習得段階が進んでいきますが，その途中で誤用が起こります．誤用の原因は様々ですが，代表的なものとして母語の影響である「**転移（transfer）**」が挙げられます．目標言語の知識が足りないため母語の知識を転用したところ上手くいったというように，ポシティブな影響を「**正の転移**」，逆にネガティブな影響を「**負の転移**」と呼びます．（1）は韓国語ですが，日本語と同じく S（Subject 主語）O（Object 目的語）V（Verb 動詞）語順であることが分かります．それだけでなく名詞句の文内での役割を表示するための助詞を用いるという点が日本語と共通しています．（2）の英語では疑問詞（Who）が文頭に置かれなくてはいけませんが，日本語も韓国語も疑問詞（nwukwu = 誰）が文頭に置かれる必要はありません．

(1) a. ecey Ken-kanwukwu-lul manna-ss-ni?
　　 昨日ケン - が　誰 - に　会っ - た - の
　　b. eceynwu-ka Ken-lul manna-ss-ni?
　　 昨日　誰 - がケン - に会っ - た - の

(2) a. Who did Ken meet yesterday?
　　b. Who met Ken yesterday?

　日本人はこれら多くの類似点を見つけ，韓国語を学ぶ際に日本語と同じ語順で文を組み立てると考えられます．（そしてほとんどの場合が上手くいきます．）これが正の転移です．反対に英語で 'Who Ken met?（誰がケンに会ったの？）' などと言ってしまうと，これは日本語の語順をそのまま適用した誤用であり，負の転移の例となります．
　転移には文法的特性による以外にも，文化的規範によって生じるものがあります．「**語用論的転移（pragmatic transfer）**」と呼ばれ，文法的には誤りではないものの，目標言語の母語話者にとっては不自然な発話です．私はアメリカで生活を始めた最初の頃，ドアを開けてくれる友人や椅子を引いてくれるウェイターに 'I'm sorry.' を連発していました．謝意を表現する際に「すみません．」と言う日本的文化規範を知らないアメリカ人からは不思議な顔をされました．
　誤用を引き起こす要因は他にも目標言語の複雑さ「**有標性（markedness）**」があります．日本語では名詞の単数・複数の区別を明示する必要はありません．(3) の例のように「たち」や「々」といった複数を表す要素はありますが，それらが無くても問題ありませんし，使うとおかしい場合もあります．((3b, c) の「車たち」「池々」は日本語母語話者なら不自然と判断します．)

(3) a.（4人の）生徒 / 生徒たちが並んでいます．
　　b.（4台の）車 / *車たちが並んでいます．

c. この公園には（たくさんの）木 / 木々があります．
　　　d. この公園には（たくさんの）池 / *池々があります．

それに対して英語では（4a）のように -s を付けることで名詞の単複を区別します．しかし（4b）のように形が変わらない場合もあれば，（4c）のように不規則に変形する場合もあり，（4d）のように補助的な句を用いる場合もあります．

　（4）　a. one dog, two dogs, a lot of dogs
　　　　b. one deer, two deer, a lot of deer
　　　　c. one mouse, two mice, a lot of mice
　　　　d. one glass of wine, twoglasses of wine, a lot of wine

（4a, b, c）は普通名詞（可算名詞）であり，（4b, c）は不規則形，（4d）は物質名詞（不可算名詞）です．ここで紹介している名詞のタイプはごく一部であり，もっと複雑な規則が存在します．つまり名詞の単複に関して，日本語より英語の方が有標性が高く，日本人学習者は誤用を犯しやすいと予測されます．

　実際に，上述の友人医師は複数の -s を頻繁に落としていましたし，英語の授業で小テストをすると 'I saw two deers.' 'The cat chased three mouses.' のように誤って答える学生が多くいます．

Ⅳ　誤用は役に立つ！

　そもそもなぜ誤用に注目する必要があるのでしょうか．先に述べたように誤用はデタラメなものではなく，母語と目標言語の相違などが原因で系統的に起こります．ですから誤用を分析することで，学習者が一般的にどのような文法項目でつまずきやすいのか，どの文法項目が上手く習得できないのかを突き止めることができます．習得に困難が伴う項目が分かれば，そこを明示的に指導・学習すれば学習効果が高まることが

期待されます．
　少し具体例を通して考えてみましょう．(5)では何が起こっているでしょう．

(5)　a. チュキが綺麗ですね．
　　　b. 綺麗なスキですね．

これは韓国語を母語とする日本語学習者の誤用です．上で見た通り，日本語と韓国語には似た点が多くあります．日本語が堪能な K-POP アイドルをテレビで観ると，なるほど確かに二つの言語は似ているから習得しやすいのだろうと思います．ですが韓国人が「月（ツキ）」を「チュキ」「スキ」と発音してしまうというのはよく知られた誤用です．日本語の「ツ」は，その出し方（調音方法）から無声歯茎破擦音と呼ばれますが，韓国語ではこの音を使いません．そのため韓国語の音のリストにあり類似していると考えられる「チュ」や「ス」の音を代わりに当てます．(5)のような誤用を耳にした際に「違います．ツキですよ．」と表面的な訂正をしても，別の単語ではまた誤った音を出してしまうでしょう．誤用を頼りに「韓国人日本語学習者は無声歯茎破擦音が苦手」であることを突き止め，明示的に指導することによって，学習者はセルフモニタリングしながら自律的に学習を進めることができるでしょう．
　日本人英語学習者に対する明示的な文法指導・誤り訂正の効果について，白畑（2015）は詳細に調査を行い，基本的な文法項目を以下の 8 つに分類しています．

(6)　a. もともと誤りが少なく，誤っていても一時的であるため，指導にさほど時間をかけなくてもよい文法項目（例：語順，主語と be 動詞の一致）
　　　b. 日本人英語学習者にとって非常に習得が困難な文法項目（例：冠詞，前置詞）
　　　c. 日本人英語学習者にとって比較的習得が困難な文法項目（例：

三人称単数現在 -s，不規則変化の比較表現）
- d. 規則そのものは簡単であるが，長時間誤りの続く文法項目（例：不定冠詞，一般動詞の過去形）
- e.（日本語と比較しながら）相違を教えるべき主な文法項目（例：主語と話題の相違，時制・相）
- f. 意味のある文脈の中で繰り返して練習するのが良さそうな文法項目（例：比較表現，可算名詞の複数形）
- g. 概念そのものをまず指導すべき文法項目（例：現在完了形，仮定法）
- h. 説明が足りなかったために誤用をしていた / 習得が遅かった項目（例：接続詞，自動詞・他動詞の区別）

誤用を基準に（6）のように分類することによって，状況に応じてより効果的な指導・学習方法をデザインすることが可能となります．

このように誤用は言語習得に大いに役立ちますから，誤用を恐れる必要はないどころか，次の習得段階へ進むためのチャンスだと歓迎してもいいくらいです．とは言え，誤用はやはり失敗でありあまり人には見られたくない（聞かれたくない）という気持ちはすぐには変えられないでしょう．そこで次節では，この「誤用＝失敗，悪いもの」という固定観念を取り除く方法「誤用を楽しむ」ことについて考えてみましょう．

V　誤用は面白い！〜誤用の楽しみ方〜

「聞いてください．昨日すごい海老騒動があったんです！」中国人の後輩にそう言われ，一体どんな騒動かとワクワクしながら話を聞いていましたが，不思議なことに最後まで話の中に海老は登場しませんでしたし，大きな事件も起こりませんでした．この後輩は何が言いたかったのでしょう．

グローバル化に伴い，日本では都市部でなくても外国人や外国語の存在が珍しいものではなくなりました．また情報化，特に近年の SNS の

普及により，より自然な外国語の発話を耳にしたり目にしたりする機会が急激に増えました．海外のセレブや応援しているスポーツチームなどが頻繁に発信する情報をつぶさにチェックしている人は少なくはないでしょう．それと同時に，私たちの身の回りでは第二言語の発話が多く見られるようになりました．

(7) a. ○○は 8 月 15 日も<u>オプン</u>です．
　　b. 新年の<u>パティー</u>コースは<u>グリン</u>サラダ，タンドリーチキン，インドカレーです．

これは私がよく行くインドカレーのお店が実際に SNS に書き込んでいた文です．ネパール人がやっているお店ですが，このように第二言語である日本語で頻繁に情報を公開しています．「ー」で表される伸ばす音（長音）が所々抜けていることが分かりますが，何を言おうとしているのかは文脈で十分理解できます．
　ちょうど同じような誤用を，日本に 20 年近く住んでいる中国人の同僚との会話でも耳にしました．

(8) A：今日は息子を<u>ベビカー</u>に乗せて来ましたよ．
　　B：歩いてきたんですか。暑かったでしょう。

流暢な日本語に感心しつつも，こんなちょっとした誤用をクスっと微笑ましく感じ，話者への親しみが湧いた経験が一度や二度はあるのではないでしょうか．しかし，よくよく考えてみるととても不思議なことが起こっているということに気付くでしょう．話者の母語はそれぞれネパール語と中国語で異なるのに，同じような誤用が起こっているのはなぜか，時々伸ばせないけど（「パ」「ベビ」）時々伸ばせる（「ティー」「カー」）のはなぜか，考えてみると不思議です．
　この誤用には音の単位が関係しています．音の単位の代表は「音節」です．英語の授業で聞いた記憶があると思いますが，音節とは基本的に

母音を中心とし，前後に随意的に子音を伴います．例えば英語で罪を表わす 'sin（シン）' と場面を表わす 'scene（シーン）' は発音記号で表すと中心の母音の長さだけが異なるよく似たペアであることが分かります．このように二つの単語はどちらも「子音＋母音＋子音」という構造を持った1音節語です．

(9)　　　単語　　　発音記号　　　　音節構造
　　a.　　sin　　　sin　　　　　　子音＋母音＋子音：1音節
　　b.　　scene　　si:n　　　　　子音＋母音＋子音：1音節

これに対して日本語では「モーラ（拍）」という単位を使います．モーラとは「あ・い・う・え・お」のように仮名一文字で表記され，同じ1拍分の長さで発音される音の単位です．「この『モーラ』という単語は何文字ですか？」と聞かれたら日本語母語話者は「『モ・ー・ラ』だから3文字．」と答えるでしょう．つまり長音「ー」も一文字と認識され1拍分の長さで発音されます．

　モーラを単位として捉えると「シン」は2モーラ，「シーン」は3モーラとなり，音節として（どちらも1音節と）捉えた場合と数え方（単位数）にギャップが生じます．

(10)　　a. 2モーラ1音節　　　　　b. 3モーラ1音節

音節を単位として採用している言語においては，「ー」があってもなくても1音節です．そのような「ー」を独立した一単位として扱っていない言語の母語話者は，当然「ー」を十分な1拍分の長さで発音し慣れていません．そのため「ー」が時に十分長く発音できたり（「ティー」「カー」）できなかったり（「パ」「ベビ」）して，誤用（「パティー」「ベビカー」）が起こると考えられます．

音の単位（音節，モーラ）の他にも言語には様々な特性があり，それぞれの言語は多くの特性のうちいくつかを利用して単語の意味などを区別しています．例えば無声・有声（いわゆる清音・濁音）という特徴を用いて意味を区別する言語が多く存在しますが，日本語も「futa（蓋）vs. fuda（札）」のようにこの特性を利用して意味を区別しています．これに対し，無声・有声は意味を区別する上で重要な特徴として利用されておらず，無気・有気（発音するときに呼気を多く伴うかどうか．呼気を多く伴う音は「◯^{h}」のように右肩に小さな h を付して表します．）という日本語では利用されない特徴を用いる言語も多くあります．日本語では fut^{h}a（発音はフタハーという感じ）と発音しても蓋，fud^{h}a（発音はフダハーという感じ）と発音しても札というように，ちょっと不自然には聞こえるものの呼気「◯^{h}」によって意味が変わることはありません．しかし例えば中国語では無気・有気が意味を区別する特性として用いられているので，中国語母語話者にとっては，futa と fut^{h}a は意味が異なるような重要な違いに聞こえ，futa と fuda はむしろ大して違わないように聞こえます．

　さて先の「海老騒動」のその後ですが，その後輩としばらく話しているうちに「エビ」は無声・有声の区別が，「ソードー」は長音の発音が上手く出来ずに起きた誤用であることが分かりました．正しくは「エピソード」です．

　誤用は目標言語の有標生や言語間の違いなどが原因で起こります．ですから学習してきた環境（教師，教科書など）が異なっても母語と目標言語が同じ学習者では多くの場合同じ誤用が見られます．身の回りにある第二言語の誤用を採集し，学習者の母語や目標言語の文法と照らし合わせながら誤用の原因を突き止めてみましょう．クスッと和む以上の楽しさが潜んでいます．

VI　できているのにできていない？〜誤用の先〜

　私たちは苦手なものに出会うと，それを克服しようと頑張ってみた

り，逆にそれには触れないように生活しようとしたりします．第二言語習得でも同様で，難解な表現や規則の理解が不十分な文法項目を重点的に学習しようともすれば，それらを使うことを避けようともします．後者の行為を「回避（avoidance）」と呼びます．使用しなければ当然その文法項目に関して誤用は起こりません．一見（一聴）すると誤用のない発話にも，実は「習得できていない」という事実が隠されています．

ある文法項目を	未習得	既習得
使用する	誤用	正用
使用しない（回避）	N/A	N/A

　他にもできているようでできていない例があります．「分かりやすい方を選んだらたまたまあっていた．」という場合です．(11) は Roper & de Villiers（1992）が英語を母語とする子どもを対象に行った研究の実験文です．(2) で見たように英語の WH 疑問文では疑問詞を節の先頭に置かなくてはなりません．(11b, c) の 'When', 'how' はどれも節の先頭にあります．このような決まりは日本語にはありません．また英語では先頭に置かれた疑問詞を疑問詞節内と関連付けることができないという制約があります．(11a) は，「少年が午後に木から落ち，夜に『木から落ちた時に怪我したんだ』と言った」という状況を表しています．その状況に関して (11b)「いつ少年は怪我をしたと言いましたか？」の答えは「At night.（夜『怪我をしたと』言いました.)」でも「That afternoon.（『午後に怪我をした』と言いました.)」でも文法的に問題はありません．しかし (11c) では疑問詞節 'how he hurt himself' の内容（'he hurt himself'）と文頭の 'When' を関連付けて「That afternoon.（『午後に怪我をした』と言いました.)」と答えると非文法的となってしまいます．

(11) a. This boy loves to climb trees in the forest. One afternoon he slipped and fell to the ground. He picked himself up and went home. That night when he had a bath, he found a big bruise on his arm. He said to his dad, "I must have hurt myself when I fell this afternoon!"

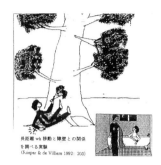

b. When did the boy say he hurt himself?
  ➡ At night./That afternoon.
c. When did the boy say how he hurt himself?
  ➡ At night.

この研究では3歳児でもこの決まりに従ったことが報告されています．このような学校では習わない規則が第二言語でも子どものように習得可能かどうかを，日本人大学生を対象として調べたところ，大学生も同様に決まりに従った判断をすることが分かりました．(Kumagami, 2006) しかし，よくよく調べてみると，'When' の関連付けが 'say' でも 'hunt' でもどちらでも可能な（11b）のような場合も 'When' を 'say' としか関連付けていないことが分かりました．どうやらこの学習者グループは，位置的に近い要素同士を関連付けて解釈していたようです．離れたところに置いてあるものは見ずに手元にある本を取ったらたまたま探していたものだったという場合と似ています．

ある文法項目を	未習得	既習得
使用する	誤用 or 正用	正用
使用しない（回避）	N/A	N/A

このように見た目にはできているようでも未習得である（正用ではな

い）ことがあるとすれば,「誤用はうまくできていないようで恥ずかしい.」という感覚は多少弱まるのではないでしょうか.

Ⅶ　終わりに

　第二言語習得を阻害する要因として,「誤りを聞かれるのは恥ずかしい」といったネガティブな感情が挙げられます．しかし, 誤用は決して能力が低いからという理由だけで起こるわけではありません．また, 誤用はこれまで気に留めていなかった言語の規則性などを気付かせてくれる非常に興味深い現象です．日常に溢れている誤用を見付け, 言語の面白さを楽しみながら, 第二言語習得を続けていきましょう.

参考文献

Krashen, Stephen（1982）*Principles and Practice in Second Language Acquisition*. Oxford: Pergamon.

Kumagami, Mai（2006）"Two Types of Strategies: The Acquisition of English Wh-Questions by Japanese Learners." 九州大学言語学論集 27 号 37 頁 -60 頁

Roper, Thomas&Jill de Villiers（1992）"Ordered Decisions in the Acguisition of Wh-questions." *In Weissenborn, J., Goodluck, H.& Roeper, T. (eds.), Theoretical Issues in Language Acquisition: Continuity and Change in Development*, pp.191-236.

Selinker, Larry（1972）"Interlanguage." *International Review of Applied Linguistics*. 10: 209-241.

白畑知彦（2015）『英語指導における効果的な誤り訂正　第二言語習得研究の見地から』大修館書店

コミュニケーション論

豊かな心でことばを使う
―「感情」を抑えつけないコミュニケーション―

古村　由美子

Ⅰ　私達がことばを使う時

　何かを伝えたい時，私達はことばを使います．または何か特別な目的がなくても，ある人とある場所に一緒にいて世間話をすることもあります．しかしながら，相手の人のことばで少しいやな気持ちになったり，悲しい気持ちになったり，または楽しい気持ちになることもあります．一方，自分のことばが意図せず相手の気持ちを暗くしたり，傷つけることもあるわけです．日本人は和を重んじるため，本音と建前を使いわけて感情を表に出さないと言われています（井ノ川・山口・湯川，2016）．ですから，もし自分がいやな気持ちになってもその感情をできるだけ表さないようにしようと務めることが多いのではないでしょうか？

Ⅱ　感情をうまくコントロールできない

　公の場では，特に**感情**を**コントロール**することが強く求められていると考えられるのですが，最近「ことば」をめぐって大臣や国会議員が批判され論議を呼んでいるニュース映像を度々目にします．例えば，2017年4月4日に当時の復興大臣はフリージャーナリストの質問に回答中に記者と口論となり，「出ていきなさい！もう二度と来ないでください，あなたは」と発言し，会見場を退室する際には「うるさい」と言って立ち去る，というようなやり取りとなりました（JCASTニュース，2016）．その後も，東日本大震災について「まだ東北で良かった」など

と述べ，度重なる失言のため辞任したことは記憶に新しい出来事です．

　相手のことばによって**怒り**の感情が沸き起こり，その怒りの感情がある点を超えると抑えきれなくなり，適切なことばを選んで話す行為ができなくなる，というような現象は自分で経験することもありますし，またはそういう場面を目にしたこともあるのではないでしょうか．

Ⅲ　コミュニケーションと感情の関係

　最近の若者はコミュニケーションが下手だとか，あるいは，あの人はコミュニケーション力がある，というような言い方で人を評価することがありますが，コミュニケーションにはことばのやり取り以外にもジェスチャーや顔の表情，声の抑揚などが合わさって，相手に何かが伝わります．もしことばとは裏腹の気持ちを抱いている場合は，ことばではなく表情や声の調子などで真意が相手に伝わってしまうこともあります．例えば，ことばでは「ごめんなさい」と謝っていても，謝る時の表情や声の調子で，本当に謝罪の気持ちがあるのかどうかを私達は無意識に判断することができます．ことばを発する際には，私たちは何かしら感情を抱いているわけです．うれしいという感情や悔しい，悲しいとか様々な感情をことばで表現しようとします．私達は様々な感情を経験しますが，中でも「怒り」はなかなか手ごわい感情で，前節で述べた例のように重要な役職をも辞任しなければならないような結果を招くことにもなりかねません．悲惨な結果になることを避けるため，通常は私達が「怒り」を感じたとしても，抑えられない程強くならない限りは，その場を上手く切り抜けるため，その「怒り」の感情を**抑制**しようと試みるのではないでしょうか．

Ⅳ　感情抑制と精神的健康・適応

　井ノ川・山口・湯川（2016）は，大学生253名を対象に質問紙調査を行い，ネガティブ感情を抑制した時の派生的感情が精神的健康や適応と

負の関連を持つことが明らかとなった（2016: 102）」と報告しています．ここでのネガティブな感情とは，例えばイライラ，落ち込み，不安などを指しています．この結果を導いた理由として，「感情抑制は自分の気持ちを表向きには偽ることであるため，自己や他者に対する欺きと捉えることもできるだろう．そのような場合，心理的な葛藤や不一致の感覚を抱えることが予想される」（2016:102）と説明されています．しかしながら，前述した元復興大臣のように「怒り」の言葉を率直に表現することは社会的には不適切であると受け止められる可能性が高いため，危険な行為となるのではないでしょうか．では，このようなネガティブな感情を単に抑え込むのではなく，どのようにこれに対処していけばよいのでしょうか．「抑え込む」という行為は「うまく対処する」という行為とは異なっているようです．

V　アンガー・マネジメントとは

　Tafrate・Kassinove（2009）はアメリカ人の中にも「怒りを表現することは危険である，と考えてその怒りを抑えようとする人がいる」と解説しています．「怒り」を「抑える」のではなく「**コントロール**」するには，下記の7つの方法が有効であると説明しています．

1．刺激を避ける
2．起こっている問題について新な解決策を見出す
3．自分の考え方のくせを変える
4．赦す
5．リラックスする
6．自分自身を建設的な対応に慣らして「怒り」の反応を減らす
7．アサーティブで生産的な方法で自分の「怒り」を表現する

本稿では紙面の都合上詳しくは説明できませんが，各項目の一例を彼らの本の内容に従って，簡略に説明していきたいと思います．

1．刺激を避ける

　意見が食い違っていると「怒り」が増すことがあるため，その議論を一旦中断し別の行動をしてみましょう．例えば，TV を観たり外出して何かを食べるなど楽しい行動を選びます．その際には，「今動揺しているから，ちょっと時間を空けた後で解決策をもう一度考えよう」などと言います．この方法は一時的に「怒り」を鎮める方法で，十分な解決策ではありません．

2．起こっている問題について新な解決策を見出す

　楽観的に，しかし粘り強く，注意深い方法で問題に取り組む姿勢が必要です．下記の 4 ステップを踏んで解決策を考えます．

　　1）　具体的に「〜をすると，・・・となる問題が発生する」，というように先ずどのような問題がどのような時に起こるのかを確認します．次に，可能な対応策をできるだけたくさん考えます．
　　2）　それぞれの対応策を行った結果，どのようなことが起きるかを対応策毎に考えてみます．
　　3）　最も有効だと考えられる対応策を選び，それを練習してみます．
　　4）　その対応策を実際に行い，どういう結果になったかを自分で評価します．

3．自分の考え方のくせを変える

　「怒り」を感じた時，30 秒間座って自分の心に何が起きているのかを観察してみます．自分がどのような考え方をしているのかに焦点をあてて意識してみましょう．

　「怒り」を引き起こしやすい 6 つの考え方のくせとして，1）悲観的思考（例：いやなことがあった時，事実よりも過大に悪いことがあったように表現する言葉，例えば「とんでもないことが起きた」等を使う），2）つらい状態を耐えようとする心的能力が弱い（例「もうだめだ，あきらめよう」），3）相手への要求が強い（例「あの人は新人なんだから，

もっと〜すべき」），4）他者を実際より低く評価，5）自分を実際より低く評価，6）歪んだ物の見方（例「あの人はわざといやがらせをしている，自分は嫌われている」など）が挙げられます．

　以上のような6つの考え方のくせを次のように変えてみましょう．

1) 何か厄介な問題があったとしても，より現実的にその問題を表現しましょう．オーバーな表現を使わないようにしましょう．
2) 目の前の困難な状態を「もうだめだ」とあきらめず，「何とか解決してみよう」といった態度で向き合ってみましょう．
3) 「あの人はもっと〜すべき」と考えるより，「あの人は〜してくれればもっといいのだけれども，必ずしもそうしてくれるかどうかわからない」，というように他者への要求を和らげましょう．
4) 他の人の悪い点を挙げて，その人全体を否定的に捉えるのではなく，その人の良い点もみつけて受け入れるようにしましょう．
5) 自分が失敗をした時に，「いつも自分は失敗する」というように捉えるのを止めて，「次はうまくやってみよう」と自分を受け入れてみましょう．
6) 受け入れられないような状況に遭遇しても，何故そのようなことが起こったのか，又は何故その人はそういう態度をとるのか，を説明できる事実を知るまではその状況を否定的に捉えることはやめましょう．

以上のように自分の考え方をよりよい考え方に変えるのには時間がかかりますが，まず一つの方法を声に出して練習をしてみましょう．実際に行動してみて，どのように感じたか，どのように役立ったかを振り返ってみましょう．

4．赦す
　「赦す」ことができるようになるには，次の5つの段階を踏んでいきます．

1）「怒り」の引き金となった出来事がどのようなものであったかをはっきりと意識し，自分の「怒り」を理解します．
2）「赦す」と決める：事実を見つめ，何が起こっているのかを再確認し，「怒り」を変えようと決めます．
3）「赦し」を定義する：「赦し」とは，「怒り」を放すことです．「赦し」とは心拍数や血圧を高めることなく，汗ばむことなく，アルコールやドラッグを飲むことなく，復讐しようと考えることなく，何が起こったのかについて考えることができるようになることです．
4）何故あの人はひどいことをしたのかを理解する：例えば，その人の子供時代に何があったのかを理解し，何故このようにひどいことをするようになったのかを理解することは手助けとなるでしょう．加害者の行為を忘れる，受け入れる，正当化する，ということではありません．
5）「与える」：自分にひどいことをした人に何かを与えるなんて信じられない，と感じるでしょう．何かプレゼントを贈る，というよりもクリスマスカードで季節のメッセージを送るというようなことでいいのです．この行為により，犠牲者という役割から「与える」力を持つ役割へと自分自身を変えることができるのです．

「赦し」は簡単にできる行為ではありませんし，どのようなことが起きたのか，によって「赦し」には長い時間がかかることもあります．自分を傷つけた人が年老いた時，その人が弱っている姿を見てそれまでとは違う見方をするようになるかもしれません．

5．リラックスする
　筋肉の緊張をほぐしてリラックスするには，次の 10 の方法があります．
　　1）　静かに呼吸のリズムを整える
　　2）　心を鎮める言葉

3） ヨガや運動
4） 深く息を吸い，ゆっくりと吐く
5） 祈りの言葉を繰り返す
6） 瞑想をする
7） 自然の中で過ごす
8） 入浴する，水の流れる音を聞く
9） マッサージを受ける
10） リラクゼーションの音楽を聴く

以上の方法がリラックスを促してくれます．その人の興味にあった他の方法もあるでしょう．

6．自分自身を建設的な対応に慣らして「怒り」の反応を減らす
　「怒り」を引き起こす状況になった時に，いつものように「怒り」の感情で対応するのではなく，リラックスし，より建設的にその状況について考え，向き合うことを繰り返し行うことによって自分を慣らし，「怒り」の感情が減るようになっていきます．
　「怒り」の原因となっている状況や言葉を想像し，それに対してリラックスして対応できるように，心の中で練習をします．これを現実の生活の場面で実際にやってみて，感情的になることがなくなるよう何度も繰り返します．

7．アサーティブで生産的な方法で自分の「怒り」を表現する
　「アサーティブ」であるということは，自分の考えや感情，自分が望んでいることを直接的で正直に適切な方法で表現することを意味していますが，攻撃的なことばを使ったり，人を非難することではありません．この時に重要なことは，相手の人の考えもまた重要であり，双方の側に良い結果をもたらす解決策を考える必要がある，ということです．自分が感じたこと，好きではない行動，自分が望んでいることを伝える必要がありますが，常に「アサーティブ」である必要はありません．ど

のような状況の時に「アサーティブ」に対応することが自分にとって必要かを考えて行動しましょう．

VI　日本におけるアンガー・マネジメントの取り組み

　アンガー・マネジメントの最終段階としてのスキルは「アサーティブ」な表現方法ができるようになることだと考えられますが，このトレーニングは 1970 年にアメリカ合衆国の心理学者である Robert Alberti と Michael Emmons によって始められたそうです．上記の 7 つの方法が日本社会でうまく機能するかどうかについては，現時点では判断できにくいと思われますが，すでに企業研修ではアンガー・マネジメントは取り入れられているようです．「アサーティブ」を日本語に訳すと「主張的」と訳されますが，単に自己主張をするだけではなく，相手の意見に十分に耳を傾け双方の立場を考えた解決法を考えるという主旨であるため，国内だけでなく価値観の異なる状況での国際的な問題の解決策を考える上でも必要なスキルとなってくるでしょう．

　国内に目を向けてみますと，小学校や中学校では不登校の原因となっているいじめや暴力が長年，解決すべき問題となっていますが，滋賀県総合教育センター（2014）では平成 25 年度に生徒指導・人権教育に関する研究Ⅲ「問題事象の未然防止に向けた生徒指導の推進―スクールカウンセラーと協働したアンガー・マネジメントプログラムの構築とその効果的な導入」の研究成果物として『アンガー・マネジメントプログラムスタートブック』を作成しています．岡山県総合教育センター（2003）は，『中学校におけるアンガー・マネジメントの試み』の報告書の中で中学 2 年生の学級活動の時間を利用したアンガー・マネジメント授業成果について述べています．その成果として相手や自分の感情に対する理解は深まったけれども，学級活動の時間内で実施したため，6 時間の授業ではスキルとして定着するには足りない，と報告しています．もっと長期的な取り組みが必要とされているようです．

　感情をうまく管理して理性的に適切にことばを使うということは，子

供から大人に至るまで普遍的な課題であると感じます．大学においても，卒業して社会に旅立つ前の学生のために，このプログラムの導入を検討する必要性を感じているところです．

参考文献
井ノ川侑果・山口正寛・湯川進太郎（2016）「感情抑制に伴う派生的感情と精神的健康および適応との関連性」『感情心理学研究』*23*(3)，97-104．
JCASTニュース（2016）「今村復興相，なぜ「ブチ切れ」たのか　記者とのやりとり一部始終」https://www.j-cast.com/2017/04/05294903.html?p=all　（2017/05/23 アクセス）．
岡山県総合教育センター（2003）『中学校におけるアンガーマネジメントの試み』．http://www.edu-ctr.pref.okayama.jp/chousa/study/02kiyoPDF/02watanabe.PDF（2017/05/29 アクセス）．
滋賀県総合教育センター（2014）『アンガーマネジメント・プログラム　スタートブック』http://www.shiga-ec.ed.jp/www/contents/1438582681238/files/AngaManejimentPrgStartBook.pdf（2017/05/29 アクセス）．
Tafrate，Raymond C. & Kassinove，Howard （2009）*Anger management for everyone: Seven proven methods to control anger*，CA: Impact Publishers．

「正しい」英語とはなにか？
―「リンガ・フランカとしての英語（ELF）」からのアプローチ―

丸山　真純

I　はじめに

　英語を学んだ人なら，「ネイティヴ・スピーカー（母語話者）のように話せたらなぁ／書けたらなぁ／読めたらなぁ」と思ったことが一度はあるのではないでしょうか？本章では，この「母語話者」を標準とする発想を，「リンガ・フランカとしての英語（English as a Lingua Franca; ELF）」という立場から再考してみようと思います．
　なぜ，「母語話者」を標準とする発想は再考されなければならないのでしょうか？それには，まず，今日の英語を取り巻く状況，文脈を理解する必要があります．以下では，まず，これを説明し，「リンガ・フランカとしての英語（EFL）」を「外国語としての英語（English as a Foreign Language; EFL）」と「世界諸英語（World Englishes）」と比較することで，ELF を明らかにしていきます．また，文法を中心に ELF 話者の特徴を概観します．

II　多様な英語話者：今日の英語を取り巻く社会言語的状況

　私たちは，「英語」というと，母語話者が用いる標準アメリカ英語や標準イギリス英語，つまり，英米語のことを考えがちです．さらに，文学や思想を含む英米文化を，言語とあわせて学ぶということを考える傾向があるようです（例えば，英語教員免許を取得するには，英米文学科目を履修しなければなりません）．ここには，言語と文化が表裏一体であるという発想があります．言語文化論は，このような発想のもとに展

開されてきました.

　しかし,ご存知のように,英語話者は母語話者にとどまらず,多くの非母語話者が世界中に広く存在しています.現在では,世界の人口の4人に1人は英語話者であり,とりわけ,アジアでは,英語は最も話者の多い言語なのです.

　また,英語の場合,他の言語とは異なり,母語話者より非母語話者が圧倒的に多いのです.英語話者のうち,母語話者は4人に1人に過ぎません.さらに,今後の英語母語話者の増加率が0.88％なのに対し,非母語話者の増加率は2.4％であり,英語母語話者の割合は,今後,ますます低下すると見積もられています.このような非母語話者が母語話者より多いという特徴は,英語だけに存在し,また,歴史上においても,そのような言語は存在しませんでした.もちろん,これらの世界中の英語話者は,必ずしも,標準英米語を使用しているわけではありません.多様な変種(varieties)を使用しているのです.

　このことを,世界の英語使用者層を3分類した Kachru にしたがって,確認してみましょう(図1参照).彼は,「世界諸英語(World Englishes)」という立場を唱えた学者であり,地球上で使用されている多様な英語が尊重されることを重要視しました.

① 　内円(Inner Circle)
　最初の使用者層は,私たちが真っ先に思いつくであろう使用者層で,母語として英語を使用している国々,つまり,イギリス,アメリカ,カナダ,オーストラリア,ニュージーランドなどの人々です.その数は,3.2から3.8億と見積もられています.先に述べたように,この使用者層は,今後,さほど増加が見込まれていません.この使用者層の英語のことを,「**母語としての英語(English as a Native Language; ENL)**」と表します.

② 　外円(Outer Circle)
　次の使用者層は英語を第2言語として用いている人々で,その数は母

「正しい」英語とはなにか？

語話者とほぼ同じかそれ以上いると見積もられています（3億から5億人）．これらの使用者は旧宗主国の言語としての英語を公用語として用いている国々の人々であり，アジアであれば，例えば，シンガポール，マレーシア，インド，フィリピンなどに住む人々です．また，アフリカ諸国の多くの人々も，この使用者層です．これらの国々には，国内に多数の言語が存在し，それらの言語の中で，英語がすべての人々にとって第2言語であり，それゆえに，等距離であることから，使用されている場合が多いです（例えば，シンガポールように）．この意味で，このような英語は，国際言語（international language）との対比で，国内言語（intranational language）と呼ぶことができます．また，このような英語を，「**第2言語としての英語（English as a Second Language; ESL）**」と表すこともできます．もちろん，これらの英語には，さまざまな地域変種が存在します．

③　拡大円（Expanding Circle）

最後の英語の使用者層として，外円の使用者のように国内の共通語としてではなく，標準英米語を外国語として，つまり，外国の人々とのコミュニケーションのために学び，使用する人々がいます．これは，「**国際語としての英語（English as an International Language; EIL）**」あるいは，「**外国語としての英語（English as a Foreign Language; EFL）**」と呼ぶことができます．およそ，5億から10億の人々がこうした使用者たちです．例えば，アジアでは，日本，韓国，中国，タイ，インドネシア，バングラディッシュといった国々で英語を学んだり，使用したりしている人々は，この使用者層と考えることができます．

Ⅲ　リンガ・フランカとしての英語（English as a Lingua Franca）

これまで概観してきたように，英語は，言語の中でも，非常にユニークな位置を占めていると言えます．母語話者が用いるのはもちろんのこと，先に見たように，非母語話者の数が母語話者のそれを圧倒していま

母語としての英語
[内円]
アメリカ　カナダ
オーストラリア
イギリス　など
3.2-3.8 億人

第二言語としての英語［外円］
フィリピン　パキスタン
シンガポール　インドなど
3-5 億人

国際語としての英語［拡大円］
日本　韓国　中国　タイ　ベトナム
バングラディッシュ　など
5-10 億人

図1　英語話者の多様性

す．そのため，今日の世界の英語によるコミュニケーションの80%が，英語母語話者を含まない，つまり，英語非母語話者間によるものであると見積もられています．このことは，英語が非母語話者間のリンガ・フランカ（共通語）として，使用されているということを示しています．

これまでも，リンガ・フランカ（もともとは，「フランク王国の言語」の意味）と呼ばれた言語は，ラテン語，フランス語，アラビア語など複数ありました．しかし，今日の英語は，これらの言語と比べて，その地球的な広まりや使用される社会階層や領域において，前例のないものになっています．英語は特定の国や大陸でのみ使用されるのではなく，地球上のいたるところで使用されているのです．つまり，母語話者のイギリス，オセアニア，北米に加えて，外円のアフリカ，アジアなどでも使用され，さらに，拡大円の使用者は，ヨーロッパなど，その他の諸地域を含みます．また，かつてのリンガ・フランカが，エリート層などに限定されていたのと異なり，今日の英語は，あらゆる階層で使用されています．さらに，かつてのリンガ・フランカが，学術や交易のように限定された社会領域でのみ使用されたのに対し，今日の英語は，ビジネス，政治，研究，教育，観光，SNS，日常的な会話など，さまざまな社会領域で使用されています．

このことは，このようなコミュニケーションで用いられる英語は，必ずしも，標準英米語である必要はなく，標準英米語だけを「正しい」，あるいは，「標準」，「規範」とみなすことを不可能にさせます．また，現実に，英語非母語話者がリンガ・フランカとして使用している英語は，必ずしも，標準英米語ではありません．非母語話者間でリンガ・フランカとして用いられる英語を，「母語としての英語（ENL）」や，標準英米語をモデルとした「外国語としての英語（EFL）」と区別することが必要となってきています．

このような認識は，「世界諸英語」や「**英語帝国主義**」の立場を内包しつつ，1990年代後半より，「リンガ・フランカとしての英語（ELF）」という立場で展開されています．ELFは，「異なる母語話者の間で，英語がコミュニケーションの媒体として（しばしば，唯一の選択肢とし

て）使用されるあらゆる英語」として定義されています（Seidlhofer, 2011, p. 7；筆者訳). この定義には, 英語母語話者の使用する英語も含まれますが, 非英語母語話者間で使用される英語に, より焦点がおかれています.

以下では, ELF を,（1)「外国語としての英語（EFL)」との比較,（2)「世界諸英語」との比較,（3）ELF の特徴に分けて, 見ていきます.

① 「外国語としての英語（EFL)」と「リンガ・フランカとしての英語（ELF)」

EFL では, コミュニケーションの前提は（明確に自覚していなくとも,）英語母語話者とのコミュニケーションのために英語を学ぶということです. したがって, 母語としての英語（ENL）が正しいモデルとされ, 非母語話者英語は, 母語干渉や化石化（fossilization; 言語規則などが誤って習得され, 定着してしまうこと）のために, 不完全であると見なされます. EFL と ENL の "E" はともに, 母語話者の英語を指します. さらに, 多くの場合, 英語の背後にある英語母語話者の文化も合わせて学ぶことも推奨されます. つまり, EFL では, 言語文化的規範は, 事前に存在し, コミュニケーションや英語教育（学習）を通じて, それが再確認されます. また, その教育や学習のプロセスは, 母語話者や言語文化的規範を模倣したり, 採用したりすることです.

もちろん, 英語を学ぶ, 使用する目的が, ENL の文学を学ぶ, ENL の国々に留学するといった場合, ENL は適切な学習ターゲット言語となります. 特に, 移住するという場合は, ENL 習得が母語話者コミュニティでメンバーシップを獲得するうえで重要となるでしょう.

しかし, 例えば, サンパウロでのビジネス交渉において, 参加者がブラジル人, 日本人, 中国人, ドイツ人であるような場合で, コミュニケーションの共通媒体として英語が使用されるような状況では, どうでしょうか？こうした場面において, 実際に使用されている英語とは, ENL ではなく, ELF と言えるでしょう. すべての参加者にとって, 英語は非母語であり, そこで使用される英語は, 発音や表現において,

「正しい」英語とはなにか？

ENL とは異なったものかもしれません．しかし，ここでの参加者たちの最大の目的は，ビジネス交渉を遂行することにあります．そのためには，とにかく意思疎通をはかることが重要となります．このようなコミュニケーションにおいては，言語文化的規範は，英米のそれである必要はなく，したがって，事前に存在するというより，参加者間の相互交渉によって，協同的に構築されるものとなるでしょう．

今日では，この例のように，多くの人にとっては，英語使用や学習の目的は，英語を参加者間の共通語としてコミュニケーションすることにあります．ELF コミュニケーションでは，異文化コミュニケーションをうまく行うために使用しようと英語を学ぶことを前提としています（この際，このコミュニケーションには，英語母語話者は含まれていないかもしれません）．また，そのようなコミュニケーションでは，正しく英語を使うことよりも，相互になんとか理解できること，そして，それを通して，例えば，ビジネス交渉といった，目的を達成することが重要となります．したがって，ENL と学習者の英語との差は，（EFL が前提とするように，）不完全なのではなく，相互に理解可能にしようとする言語的適応や言語的創造性と見なされます．異文化コミュニケーションの成功（それがビジネス交渉であれ，どのような領域のものであれ）が最重要であるので，ENL を模倣する能力よりも，相互理解が可能になる

表1　EFL と ELF の対照

	外国語としての英語 (ELF)	リンガ・フランカとしての英語 (ELF)
言語文化的規範	事前に存在する 再確認される	その場限定的な（ad hoc） 交渉される
目的	統合 母語話者コミュニティでのメンバーシップ	理解できること（intelligibility） 非母語話者間あるいは母語ー非母語話者間のコミュニケーション
プロセス	模倣（imitation） 採用（adoption）	調節（accommodation） 適応（adaptation）

ような調節（accommodation）能力の方が重要とされます．ここまでの議論を簡単にまとめたものが表1です．

② 「世界諸英語（World Englishes）」と ELF

　先に見たように，今日の世界の多様な英語使用者は，世界諸英語を唱えた Kachru による3つの円で説明されます．世界諸英語の立場は，主として，言語的に固定化し，識別可能で，地理的に明確で，話者コミュニティを持つ，とりわけ，「外円（Outer Circle）」に属する英語（例えば，シンガポール英語やマレーシア英語のような「ポスト植民地英語」）を対象とし，それらを英語の変種（varieties）と捉えています．

　それに対して，ELF は，これよりもはるかに流動的で，地理的な境界を超えて使用される英語をも対象にしています．つまり，ELF の立場は，これらの3つの円をまたいで使用される，コミュニケーション参加者間の共通語としての英語を対象としています．例えば，日本人が，スペイン語母語話者やドイツ語母語話者と，お互いの共通語として英語を使用する場合を考えてみましょう．そこでは，日本語や文化の影響を受けた英語を使用します（スペイン語母語話者やドイツ語話者も同様に，母語の影響を受けます）．このような時に見られる特徴的な英語を，ELF は対象にしています（このような ELF 場面で用いられる英語のことを similects と呼びます）．さらに，異なる母語話者が英語を使用する際に共通して見られる ELF も対象としています（「③ ELF の特徴」を参照）．

　加えて，こうした多くの ELF 話者に共通する特徴とともに，ELF は，その流動性（fluidity）を，その特徴として射程に入れています．ELF は，当初，拡大円で用いられる英語の中の多くの英語変種として考えられて来ました．しかし，実際にリンガ・フランカとして使用される英語には，多様性があるのはもちろんのこと，やりとりごとに，参加者たちが相互に交渉，歩み寄り，協同的に ELF が構築されてくるため，一定の形式を持った変種であるという見方はされなくなりました．

　そのため，ELF は，言語変種や話者コミュニティといった，これまで

の言語を捉える概念の代わりに,「**実践コミュニティ（community of practice）**」という概念で捉えるのがふさわしいとされるようになりました．実践コミュニティとは，E. Wenger の唱えた概念で，実践コミュニティでは,「共同的に交渉される『企画(enterprise)』に参加し，メンバー間の『共有されたレパートリー（shared repertoire）』を利用する，共同実践における『相互的関わり（mutual engagement）』によって特徴づけられる」コミュニケーションとされます（Wenger, 1998, p. 72; 筆者訳）．例えば，国際学会で，ともに母語が英語でない研究者たちが，研究上の議論をするために，相互に共有の言語的レパートリーを作り上げるような場面を想像してもらえば，わかりやすいと思います．

　ELF では，使用者が，お互いに交渉し，英語を共同構築し，それを，自由に発明し調整できる共有された資源として扱い，英語と母語の両方の資源を可変的に利用し，そうすることで，ENL やポスト植民地英語とは異なる形式が生み出されてきます．これらは一定の形式というよりは，話者や場面ごとにさまざまな形式が生み出されてくると言ってよいでしょう．そうした意味で，ELF はハイブリッドであると言えます．

③　ELF の特徴

　最後に，ELF の使用上の特徴を見ていきましょう．先に述べたように，ELF の特徴は，その流動性にありますが，比較的安定して多く見られる ELF の規則性として，文法上，発音上，語用論上のものが，これまで明

表2　ELF 話者に見られる文法上の特徴

- 三単現の -s の脱落
- 関係代名詞 who と which の混同
- 冠詞が使用される箇所での省略または使用されない箇所での挿入
- 付加疑問文の誤用（例　*shouldn't they?* の代わりに *isn't it?* または *no?*）
- 冗長な前置詞の使用（例　*study about, discuss about*）
- *do, have, put, take* などの一般的な意味を持った動詞の過度の使用
- 不定詞の代わりの that 節（例　*I want that*）
- 過度の明示性（例　単に *black* の代わりに，*black color*）

らかにされています（Jenkins, 2014）．紙幅の関係で，文法上の特徴を中心に紹介します．表2がそれらをまとめたものです．

このような使用は，ENLやEFLでは，誤用であり，正されるべきとされます．脱落，混同，冗長，過度の使用といった表現がそれを明示しています．しかし，実際のコミュニケーションにおいては，これらは理解を妨げることはほとんどないでしょう．例えば，"discuss about"という表現において，他動詞である"discuss"に"about"を付与することは，ENL（それを標準とするEFL）では不要とされ，誤用とされますが，それによって，両者の理解が阻害されることはないでしょう．実際のコミュニケーションにおいても，それが齟齬を来さないことが，研究によって示されています．

もう一つ例示しましょう．表3は，フランスレストランでの日本人とタイ人の会話とそれに聞き耳を立てるアメリカ人の様子を表したものです（竹下, 2005）．この会話では，否定（付加）疑問の"Yes"の応答がENLのそれとは逆になっています．しかし，両者ともに，"Yes"をENLの"No"の意味（つまり，フランス語を読めない）で使用しているため，意思疎通に齟齬は起きていません．日本語にも，タイ語にも共通の感覚が存在するのでしょう（案外，このような感覚は，さまざまな言語話者に共通するのかもしれません）．英語母語話者を基準（標準）とすると，このような使用は誤用とされるのですが，この例では，両者が問題なく意思疎通をはかれているのですから，ENLの規範でコミュニケーションすることは必ずしも重要ではありません．英語母語話者不在のコミュニケーションにおいて，彼（女）らの規範に縛られる必要はないと言えるでしょう．これは，レストランにおける些細な例のひとつですが，ビジネスやその他の場面においても，同様のことが言えるでしょう．

文法だけでなく，発音においても，同様のことが言えます．例えば，ELF会話者が共に母語において，"l"と"r"の区別をしない場合，二つの音を無理に作り出す必要はないかもしれません（むしろ，そうした方がコミュニケーションの齟齬が起きるかもしれません）．

「正しい」英語とはなにか？

表3　日本人とタイ人の英語での会話

日本人とタイ人の会話		（聞き耳を立てるアメリカ人）
日：① Can you read French?	フランス語，読める？	
泰：② Can not.	読めない．	（タイ人は読めないのか）
③ Can you?	君は？	
日：④ No.	だめだ．	（日本人もだめなのか）
泰：⑤ Oh, you can't read French, too?	読めないんだね．	
日：⑥ <u>Yes</u>. You can't read it, can you?	うん．君もだね．	（ん？日本人は読めるのか）
泰：⑦ <u>Yes</u>, me, too.	そうなんだ，ぼくも．	（タイ人も読める？）
日：⑧ We are same.	ぼくら，おんなじだ．	（どう同じなんだ？？）
泰：⑨ Then, what shall we order?	じゃ，何を頼もうか．	
日：⑩ I don't know.	わかんない．	？？？？？？

Ⅳ　おわりに

　本章では，英語を「正しく」使うということについて，近年圧倒的に英語が使用される状況（i.e., 英語母語話者を必ずしも含まない英語でのコミュニケーション）をふまえ，「リンガ・フランカとしての英語（ELF）」という立場から考えてきました．英語を正しく使うということについて，私たちは，意識的にも，無意識的にも，母語話者の英語を基準としていることがほとんだと思います．

　しかし，本章で垣間見たように，英語の非母語話者は母語話者をその数で圧倒しており，非母語話者間で英語を使用する状況が圧倒的になってきています．そのような場面では，英米語を基準としたり，英米語の文化規範に沿ってコミュニケーションをしたりする必要は，必ずしもないと言えます．先に述べたように，コミュニケーション参加者が目的を達成するために，お互いに，英語や母語の知識を駆使し，相互に理解可

能な英語を折衝,構築しながら使用すればよいと言えます.このように構築された英語は,ENL や EFL とは異なったものとなりますし,一定の形式を持つものでもありません.

「このような英語は,英語といえるのか?」という疑問を持つかもしれません.正確さ(もちろん,ENL 基準においての)を重要視するあまり,伝えることが二の次になると言われる日本人の英語使用者は,特にそう思うかもしれません.しかし,ELF は,これまでの英米語中心や母語話者主義への見方を再考する立場にとどまらず,現在,世界中で使用されている社会的現実でもあるのです.

ELF コミュニケーションの増大は,近年の急速な地球化を背景としています.それゆえ,ELF への関心の高まりは,比較的最近のことであり,今後,まだまだ多くの研究がなされなければなりませんが,本章を通して,これまでの「英語」への見方が変わり,コミュニケーションのための(とりわけ,英語非母語話者間のための)リンガ・フランカとしての英語への理解の一助になったことを望んでいます.

参考文献

Jenkins, J.(2014).*Global Englishes: A Resource Book for Students*. Routeledge.
Seidlhofer, B.(2011).*Understanding English as a Lingua Franca*. Oxford University Press.
Wenger, E.(1998).*Communities of Practice*. Cambridge University Press.
竹下裕子.(2005).「日本人とタイ人のコミュニケーション―バンコクにおける意識調査を中心に」.竹下裕子・石川卓(編)『多文化と自文化―国際コミュニケーションの時代』.森話社.

文　学

小説からみたヨーロッパの温泉
―古代から現代に続く「癒し」を探る―

大橋　絵理

I　はじめに

　21世紀に世界中で最も重要な関心事のひとつは**健康**であると言えるでしょう．現代に生きる私達は，健康であるために清潔さを保つ，適度な運動をする，バランスのとれた食事をする，ストレスを解消する等を大切なことだと考えています．しかし，健康のために必要な上記の要因が一般的に意識され始めたのは，実はヨーロッパで19世紀になってからだということをご存じだったでしょうか．19世紀は，それなしでは社会が成立しないという様々な現代の制度，例えば銀行，会社，株売買という経済の制度や社会福祉制度などが生まれた時代です．そのような19世紀にフランスをはじめヨーロッパ各地で流行したもののひとつに**温泉保養地**があります．

　この章では近代化が始まった19世紀までの文学の中に見られるヨーロッパの温泉の表象を考察します．そして温泉保養地がいかに**社会やその当時の思想**を反映する重要な空間であるかを検証していきます．

II　温泉と神秘

　水は動植物が生きるのに必要不可欠ですが，過剰な水は生物を死に至らしめます．そのため生と死を左右する水は古代から人間の手が届かない神的なものと結び付けられてきました．特に病気の治癒効果がある温泉の発見は世界中で**神話**と関連づけられています．例えば日本では，猟師や村人が，山の中で傷ついた動物が入っている水溜が温かく人の身体

も癒すことに気づいて，温泉が発見されたという伝説が各地に残っています．稲荷信仰があるように，山の動物は同時に山の神の使いとして人間を守り，様々なことを教えてくれると信じられてきたのです．奇跡や魔術を信じた古代ヨーロッパの人々の間でも大地から湧き出る神秘的な水は，神々からの贈り物だと考えられていました．日本でも古い温泉に小さな仏像が置いてあったり，浴場の壁に仏教の絵が描いてあったりするように，ヨーロッパの浴場の壁にもギリシャ神話の神々の絵が見られ，大きな浴場には神殿が造られました．

　古代ギリシャで紀元前8世紀に書かれたホメロスの『オデュッセイア』では水浴や入浴の場面が数多く描かれ，その際女神が人間に美しさや高貴さを与えるというように入浴の神秘性が強調されています．たとえばオデュッセウスはアルキノオスの姫ナウアシカーに川の流れで身体を洗うように勧められます．

> 洗い終わって油を肌に塗り，乙女のくれた衣類を見につけるとゼウスの御姫子アテーネーは，彼〔オデュッセウス〕の背丈を前よりもっと高く，身幅も広く見えるように，またヒヤシンスの花弁にも似たふさふさとした巻き毛を頭から垂らしてやった．〔…〕女神はオデュッセウスの頭にも肩にも，えもいわれぬ美しさをふりかけてやった．やがてオデュッセウスは女中たちから離れて波打ち際へゆき，そこに腰をおろしたが，その美しく魅力に富んだ姿は輝くばかり．

オデュッセウスを守っている女神アテーネーは彼の身体を変貌させますが，それは背丈，髪，頭，肩とほぼ全身に及びます．「美しく優雅に光り輝く」身体は，もはや人間ではなく神域にまで達していると言えるでしょう．このように身体を洗うという行為は，神々の奇跡と密接に結びついており，その力によって清浄になった身体は本来よりも抜きんでた美しさや高貴さが与えられ人々を魅了するのです．

　また，別のホメロスの著作『イリアス』には温泉そのものの記述が見られます．物語の終盤第22歌のアキレウスとヘクトールの壮絶な戦い

の場面の舞台は以下のようなものでした．

> こうして二人は，物見のわきや，風になるいちじくの樹のそばを通って，〔…〕清らかに流れる二つの泉のところへ着いた．ここは渦を巻くスカマンドロスの二つの源泉が湧き出ているところで，その一方は熱いお湯が流れ出るため，あたり一面に川の表から，まるで燃える火のように，煙が立っていた．もう一方は，夏でもなお，冷たい霰か，あるいは雪か，それとも凍った氷のような冷たい水を吐き出すもので，この場所では泉の間近に広やかな洗濯場が設けられていた．

オリンポスの神の一人であるアキレウスとトロイアの王子ヘクトールという敵同士の二人はまさに熱湯と氷のように対照的な人物です．そのことから彼らの戦いのクライマックの場所として二種類の神秘性を象徴する鉱泉が湧き出る場が設定されたのは必然的と言えるでしょう．オリンポスの神々を巻き込んだこの戦いは，あたかも神々しか住めない「燃える火のような煙が立つ」異空と洗濯もできる人間が住む空間が拮抗した非日常的な場で行われなくてはならなかったのです．

　温泉の記述は『新約聖書』の中にも見られます．「ヨハネによる福音書」第5章第3-4節では，盲目や病気の人たちが，治癒力があるとされるエルサレム外壁の前の羊の門のそばにあるベトザタ池に身体を横たえていたと書かれています．主のみ使いがこの池に降りてきて水を動かすことがあり，その時に池に入ると病気がよくなると信じられていたからです．ベドザタとは「恵みの家」という意味で，この池は定期的に鉱泉が湧き出る間歇泉でした．ほかにも『旧約聖書』「創世期」第24章に「ジベオンの子らは次のとおりである．すなわちアヤとアナ．このアナは父ジベオンの驢馬を飼っていた時，荒野で温泉を発見した者である」という記述がみられます．聖書に温泉が発見されたと書かれているということは，その発見が貴重であり，神聖さと結びついているからだと考えられます．

III　娯楽と背徳

　しかし，古代ローマ時代になり人々の生活が裕福になると，温泉は神々が奇跡を起こす聖なる場所だという考えに変化が生じます．温泉や冷泉を使った公共浴場が人々の間で非常な人気を呼ぶようになると，そこは，病を癒すだけでなく，商談，社交また踊り子や芸人たちによる**娯楽を提供する空間**となったのです．泳ぐためのプールや運動できる公園，散歩する庭園，ゆっくり読書できる図書館，食事をとれる食堂も併設されるようになりました．カラカラ帝は212年から216年にかけてローマ市内に様々な嗜好を凝らした大浴場を建設しました．その後の皇帝たちも市民の関心をひきつけるために，浴場を作りその数は千にも及んだと言われています．

　古代ローマの言語のラテン語で「公衆浴場」は，「thermae テルマエ」ですが，その言葉の語源は古代ギリシャ語の「$θερμός$　テルモス」からきており「温かい，熱い」という意味です．ラテン語から派生したフランス語では温泉を「eaux thermales オー　テルマル」と言いますが「温かい（熱を持った）水」という意味です．この「thermae」を使った言葉はヨーロッパ言語の中に沢山あります．例えば英語の「thermal breeder」は「（原子力）熱増殖炉」という工学用語ですし，ドイツ語の「thermalbad」は「温泉治療」，イタリア語の「termizzazione」は食べ物の「加熱処理，低温殺菌」という意味になります．古代ローマの時代は公共浴場のために温熱システムと配管システムの技術が非常に発達しました．それは現代の配管の技術の基礎となったもので，温泉は科学やテクノロジーの発展と深い関係があると指摘されています．

　しかし，その後に広まった初期のキリスト教では，古代ローマ時代の温泉での入浴を，身体の快楽を目的とした不道徳で貴重な水をふんだんに使う贅沢な行為だと考えました．また，古代ヨーロッパ人が信じたギリシャの神々は異教徒の神で排斥するべきもので，キリスト教徒にとって身体を洗わないままでいることこそが，自己犠牲と清貧を重んじる信仰の証でもあるとも信じられるようになりました．それにともなって，

浴場は**背徳の場所**として閉鎖されることも多くなり，敬虔なキリスト教信者が訪れることもなくなったことから，減少し衰退していきました．純潔の守護聖人，聖アグネスは，死ぬまで一度も身体を洗わなかったとも言われています．

さらに14世紀にはペストがヨーロッパ中に広まり，数千万人の人々が亡くなりました．その理由は汚物を窓の外に投げ捨てるというような不潔な生活環境にありましたが，当時の人々は，ペストの蔓延は神の怒りであり，入浴すると毛穴が開いてそこから病原菌が入りこんで死に至ると考え，温泉に入ることを避けるようになりました．

IV　貴族と温泉治療

ただし，16世紀以降，中央集権国家が確立され，王族や貴族の社会的地位が安定してくるにつれ，温泉は再び注目されるようになります．フランスの哲学者であり政治家でもあるモンテーニュは，1580年から1581年にかけて，ドイツからイタリアまで数多くの温泉保養地に滞在しながら旅行し，その体験を『旅日記』に記しています．中でも，イタリアのデラ・ヴィラ温泉には1581年の8月14日から9月12日までほぼ一か月間滞在しています．彼が温泉を訪れた目的は腎臓結石の**治療**のためで，治療方法は以下のようなものでした．

> 午後に私は入浴した．それは，この地方の規則に反することで，ここでは一つの作用はもう一つの作用を妨害すると言われているからである．飲用は飲用だけ続け，入浴は入浴で続けるというふうに，別々でするのがよいとしている．人々は8日飲んで30日入るとか，こちらの湯（ラ・ヴィラ温泉）を飲み，向こう側の湯（コルセナ温泉）に入るとかする．

この文章から温泉に浸ることと同時に温泉水の飲用が重視されていることがわかります．飲用は多くの人々が苦しんでいた胃炎に効果的で，食

欲を増進させると考えられていました．モンテーニュは各保養地で特に温泉水を何杯飲んだか，それによって結石がどのように排出されたかを克明に記しています．医学的な治療が確立していない時代では，温泉という自然のエネルギーで病を癒す方法は，病人にとっては非常に重要なものでした．

　さて，17世紀はフランスでは絶対王政の絶頂期で，貴族たちは競って贅沢を楽しみましたが，その中に温泉での湯治も含まれていました．フランスの貴族のセヴィニェ夫人が1676年から1677年にかけて，現代でもリューマチの治療にきくと言われている温泉保養地ヴィシーから娘へあてた書簡は評判を呼びましたが，それは当時の人々の温泉保養地への関心の高さを示しています．

　セヴィニェ夫人はユーモアを持って「それは煉獄のリハーサル」のようなものだと語り具体的にどのような治療かを述べています．

　　あなたの哀れな身体のどこかに想像できるかぎりの沸き立つほどの熱
　　いお湯の噴き出しがかかるのです．まず身体中に警報を発して，動物
　　精気をすべて活動させます．それから以前に痛んだ関節の治療に専念
　　するのです．〔…〕すべてに耐えなければいけません．すべてに耐え
　　ても決してやけどをすることはありません．それから暖かいベッドに
　　入ってたっぷり汗をかきますと，ほら，治るというわけです．

温泉水を身体に浴びることは，血行を促し同時に皮膚病を癒す効果があると知られていました．セヴィニェ夫人の書簡から，温泉を使った様々な治療法が試みられていたのがわかります．彼女はほぼ毎日娘にヴィシーでの温泉治療の様子だけではなく，自分が出会った人々，彼らとの会話，訪問，散歩など，日常生活を詳細に書き送りました．現代では書簡は個人と個人の間でかわされ非常に私的なものと考えられますが，17世紀のフランスでは，しばしば有名な作家達の書簡は個人に宛てたものでも，サロンの中で他の人々に回覧されることが一般的な習慣となっていました．多くの人に読まれる前提で書かれたこれらの書簡は，ひと

つの文学作品とも言え，温泉保養地は**創作を育む場**ともなっていたと言えます．ただし1789年のフランス革命以降は，温泉保養地を利用していた王侯・貴族の階級がいなくなり，温泉保養地は打ち捨てられ，衰退していきました．

V　リゾートとしての温泉

　しかし，19世紀になり，ブルジョワジーが台頭してくると，それまで使用されないままになっていた温泉地が再度注目を浴びるようになりました．イギリスで始まった産業革命がヨーロッパに広がるにつれ，工場で働く労働者階級が増加しました．それと同時に閉鎖的な空間で長時間働くという過酷な労働で身体を壊す人々が問題になってきました．そして近代化によって飛躍的に進んだ医療技術と相まって，衛生と運動が健康のためには不可欠であるという考えが一般的に広まっていったのです．また，心身ともにリラックスすることが，労働意欲や仕事の効率を上げることもわかり，一定の期間，仕事を休みながらも給料は支払われる**休暇**という概念が確立されました．それにともない鉄道が整備され，都会から離れ空気も澄み，運動もできる山間にある温泉保養地に行くということが人気になっていきました．そして旅行先を説明する**ガイドブック**の発行が盛んになりました．18世紀の絶対王政の時代までは王族や貴族を除いた大部分の人々は余暇を持つことができませんでしたし，旅行を楽しむことも不可能でした．そのため，現在では当然のものと考えられている旅行のガイドブックは存在していなかったのです．19世紀の旅行のガイドブックとして，有名なもののひとつに1853年から出版され続け，鉄道を使って旅行できる町や村を紹介した『ジョアンヌのガイド』シリーズがあります．

　その中で，温泉保養地に特化した526ページにものぼる『ヨーロッパの温泉：ドイツ，イギリス，ベルギー，スペイン，フランス，イタリア，スイスの温泉の紹介と医療のガイド』が1860年に出版され，フランスを中心に260にものぼるヨーロッパの温泉が紹介されました．これ

は当時いかに温泉保養地が人気であったかを示すものだと言えるでしょう．ガイドブックは最初に各温泉地のミネラルウオーターの成分の分析を説明するところから始まります．次いで，どの程度飲用すれば，あるいはどの程度入浴すれば どの病気に効果的かという医師の診断が詳細に述べられます．そのあと，各温泉地のパリからの距離，ホテルの値段，生活方法，娯楽，遊歩道，日帰りで行ける小旅行の場所などが紹介されていました．他にも『ジョアンヌのガイド』の豪華版『ダイアモンド ガイドブック』シリーズとして，フランスの『エクス レ バン』，『ボージュ山脈のミネラルウォーター』，『スパとその近郊』など個別の温泉保養地のガイドブックも出版されました．

VI　温泉保養地と経済

　19世紀のヨーロッパの温泉保養地に関することで，最も特徴的なもののひとつは，**医療と経済**との結びつきです．その状況が一番よく描かれているのは，フランスの19世紀の作家モーパッサンの『モントリオル』です．彼は社会や人々の欺瞞を暴く短編を書く作家として日本では知られています．モーパッサンにとって温泉保養地は馴染みの場所でした．彼もまた療養のため1883年8月初旬，1885年の8月，1886年の7月から9月にかけてフランスのオーヴェルニュ地方のシャテル・ギュイヨンに滞在していました．モーパッサンは1885年の8月17日付けの書簡で「僕はオーヴェルニュ地方の感嘆すべき遠足をして帰ってきたところです．ここはすばらしい，特別な印象を与える地方です．ぼくは小説にそのことを書いてみようと思っています」と語り，1887年に『モントリオル』を出版しました．『モントリオル』は，アンデルマット夫妻が妻クリスティアーヌの不妊治療のためにオーヴェルニュ地方にあるボヌフィーユ温泉を訪れたところから始まります．成功した事業家であるアンデルマットが結婚相手として選んだのは，金銭的余裕がない貴族の娘クリスティアーヌでした．この温泉地で，彼女は3人の医者の診察を受けます．

小説からみたヨーロッパの温泉

　最初に彼女を診察したのはボヌフィーユ温泉の発見者で温泉監督官のボヌフィーユ博士です．フランスでは1860年に鉱水の衛生状態を管理するために，必ず責任者として温泉監督医を置かなければいけないことが決定されました．つまり，温泉監督医として様々な権利を持っているのがボヌフィーユ医師ということになります．彼は自分の外見に注意を払わず，きちんと診察もせずに処方箋を書き威厳を誇示するだけの時代遅れの医者です．二人目のパリから来たラトヌ博士は洗練された服を着て，聴診器を使ってクリスティーヌを診察し，近代的な医者らしく振舞います．3番目のオノラ博士は太ったこざっぱりした格好をした男で愛想がいいですが，治療に関心を持たず気晴らししかすすめません．このように3人の医師達はそれぞれ非常に異なった人物として最初は描かれています．

　しかし，その後オリオル老人が爆破した小山から湧き出た温泉の利権を手に入れようとするアンデルマットの行動によって，異なって見えた医師達の新たな姿が暴かれていきます．夫の利権獲得直前にクリスティアーヌは出産しますが命の危険にさらされます．その時ラトヌ博士はボヌフィーユ博士の患者を奪ったという評判をたてられると困るという理由，ボヌフィーユ博士はラトヌ博士にも診察を依頼したという理由，オノラ博士は他の二人の医者に気兼ねをするという理由で，各自がクリスティアーヌの診察を拒みます．それを知った彼女の父である侯爵は「人が死んでしまってもいいというのか…患者がこの温泉場で犬のように死んでも…あの先生方は全く平気なのか！」と叫びますが，彼の怒りはまさに医師達に共通の欺瞞を言い当てていると言えるでしょう．

　彼らの欺瞞はアンデルマットがオリオル老人を説得して温泉の土地を確保した事実を知るとさらに明らかになります．まず，ラトヌ博士がアンデルマットに面会を申し出，次にオノラ博士がクリスティアーヌに花束を送り，最後にボヌフィーユ博士がアンデルマットに丁寧に挨拶するようになります．つまり彼ら全員が患者を救うことは二の次で，実は新たに湧き出た温泉の監督官の地位につきたい，つまり一番興味があるのは金銭だということが明白となるのです．

一方アンデルマットも，この新しい源泉の発見によって金儲けをしようと試み，大規模な開発をするために会社を設立します．事業を拡張しようと意欲的なアンデルマットは，これらの3人の医師では役不足だと考えます．彼は温泉湯治客達を効率よく引き付けるために必要なのは広告だと考え，モントリオル温泉浴場株式会社の設立のための会議の場で次のように主張します．

　みなさん．近代の大問題は広告ということです．それは近代商工業の神です．広告を除いて，救いはありません．もっとも広告術というものは，困難であり，複雑です．〔…〕今日あまりにどぎつい広告ビラは人々を苦笑させます．往来を呼び歩く名前は好奇心よりも警戒心をよけいに呼び覚まします．とはいえ，人々の注意はひかなくてはいけません．〔…〕そこで，広告術の真髄は，売ろうと思うものが決まったら，成功をもたらしうる手段，唯一の手段を発見するということです．

広告という概念は現代の私たちの生活では当然のことであり，私たちは毎日広告の洪水の中で生活していると言ってもいいでしょう．しかし，広告の重要性が強調されはじめたのは産業革命以後，大量生産が可能になった19世紀以降にすぎません．アンデルマットの考えは，当時としては極めて近代的で斬新とさえ言えるものでした．そして新たに開発した温泉保養地の利益をあげるためにアンデルマットが主張した有効な広告とは以下のようなものでした．

　我々は鉱泉を売りたいのです．我々は医者をとおして患者を征服しなければいけません．
　皆さん，最も有名な医者も私達と同じ人間なのです．〔…〕彼らを買収できると言いたいわけではありません．私たちが必要とする有名な医師達は，買収では動かないという評判です．しかし，上手に行えば，私達が手に入れることができない人がいるでしょうか．

彼は温泉保養地の風光明媚な土地に瀟洒な別荘を建設し，無料でパリの有名な医師達に貸し出し，しかも土地は医師達に贈与するという提案をします．これはまさに買収にほかなりません．そしてもちろん，医師達はアンデルマットの思惑通り，土地の贈与と無料の宿泊という好条件につられてパリからやって来て，次いで彼らを目当てに「一群の患者がいち早く押し寄せて」き，モントリオル温泉は大人気になるのです．これは，温泉保養地が治療の場というよりも，まさに現代に見られる金銭を生み出す経済的空間へと変貌したことを示しています．

Ⅶ　おわりに

このように温泉の意義が古代から様々な書物の中で語られ，産業革命とともに飛躍的に変貌し，多面的に重要性を増したことを考慮すると，その特殊な空間が各時代の**近代性**と密接に結びついていることは明白でしょう．もちろん現代では病気にたいして温泉よりも効果的な治療法が確立されていますが，人間自身が持つ自然治癒力があらためて注目されている現在，温泉そのものが持つエネルギーと温泉保養地が持つ歴史に裏付けられた癒しの効果は，未来の社会や健康への意識の変化とともに，形を変えながらに存在し続けていくことでしょう．

参考文献
キャスリン・アシェンバーグ（2009）『不潔の歴史』鎌田彷月訳　原書房.
ヤコブス・デ・ウォラギネ（2006）『黄金伝説1』前田敬作・今村孝訳　平凡社.
岡村民夫（2008）『イーハトーブ温泉学』みすず書房.
ウラディミール・クリチェク（1994）『世界温泉文化史』種村季弘・高木万里子訳　国文社.
アルヴ・リトル・クルーティエ（1996）『水と温泉の文化史』武者圭子訳　三省堂.
セヴィニェ夫人（1994）『セヴィニェ夫人からの手紙』，吉田郁子訳註　大学書林.
ホメロス（1994）『オデュッセイア』松原千秋訳　岩波書店.
ホメロス（1992）『イリアス』，松原千秋訳　岩波書店.

ギィ・ド・モーパッサン（2005）『モントリオル』上，下　杉捷夫訳　岩波書店.
ミシェル・ド・モンテーニュ（1983）『モンテーニュ旅日記』関根秀雄・斎藤広信訳　白水社.
山田登世子（1998）『リゾート世紀末―水の記憶の旅』筑摩書房.
フィリップ・ランジュニュー＝ヴィヤール（2006）『フランスの温泉リゾート』成沢広幸訳　白水社.

マンスフィールドが描くニュージーランドの女性像
―性別分業へのまなざし―

大谷　英理果

I　キャサリン・マンスフィールドと『ドイツの宿にて』

　キャサリン・マンスフィールド（Katherine Mansfield）は，20世紀初頭に活躍した作家です．若くして結核にかかり，1923年に34歳で亡くなるまでに，3冊の短編集（『ドイツの宿にて』，『幸福，その他の物語』，『園遊会，その他の物語』）を出版し，彼女の死後には，夫であるジョン・ミドルトン・マリ（John Middleton Murry）の編集により，さらに2冊の短編集（『鳩の巣，その他の物語』，『幼くみえるけれども，その他の物語』）が世に送り出されました．マンスフィールドは，1888年にニュージーランドの首都ウェリントンで，実業家の父親と病弱だが美しい母親との間に3女として生まれました．父親のハロルド（Harold）は実業家として成功し，ニュージーランド銀行の会長にもなる人物です．
　マンスフィールドは，2人の姉（VeraとCharlotte）と妹（Jeanne）と弟（Leslie）と共に裕福で幸せな子供時代を送ります．1903年には姉2人と共にロンドンのクイーンズ・コレッジへの留学を経験しますが，1906年には，ニュージーランドに帰国します．しかし，作家を目指し，自由を欲する少女はロンドンに戻ることを切望し，粘り強く両親を説得した末，1908年，19歳の時に故郷を永久に去り，イギリスへ渡ります．晩年の彼女の名声を高めた代表作は，主に彼女の生まれ故郷であるウェリントンとその近郊を舞台としているものが多いですが，これらの作品は全て，一度は捨てた故国を望郷の念に駆られて描き出したものです．
　1908年にロンドンに到着して以降，彼女は，ボヘミアン的な生活を送り，その代償とも言える夫との子ではない子供の妊娠，流産などを経

験します．さらには肺結核のため晩年の多くを病身の身で過ごします．彼女の最初の夫は，音楽家であるジョージ・バウデン（George Bowden）です．ロンドンに到着した半年後に，突如，マンスフィールドはバウデンと結婚し，1日でその夫の元を去ります．娘の突然の結婚の知らせに驚いたマンスフィールドの母親はニュージーランドからすぐにかけつけ，奔放な娘をドイツのババリアへ連れて行き，しばらくそこに滞在させます．この時，マンスフィールドは夫との子ではない子供を妊娠していました．このドイツの地で，彼女は，子供の誕生を心待ちにしながら一人静養しますが，結果的にその子供は流産をしてしまいます．しかし，このようなつらい体験をしたドイツ滞在は，後に彼女の最初の短編集となる『ドイツの宿にて』（*In a German Pension*）（1911）の基になります．この短編集では，ドイツ人への風刺が随所に見られ，出産への恐怖や夫に追従する女性の生き方への幻滅などが描かれます．近年では，ケイト・フルブルック（Kate Fullbrook）（1986）をはじめ，特に『ドイツの宿にて』に収められている初期作品に見られるマンスフィールドの**フェミニスト**的要素を指摘する批評も出てきています．

　「ブレッヘンマッヘル夫人の結婚式出席」（"Frau Brechenmacher Attends a Wedding"）は，『ドイツの宿にて』に収録されている作品の中で，特に，横柄で支配的な男性の従属物でしかない女性の人生の問題を大きく取り上げた作品と言えるでしょう．この作品内で，ブレッヘンマッヘル夫人は郵便配達人である夫を持つ，5人の子供の母親です．夫人と夫は村の結婚式に参加します．結婚式を楽しむつもりでいた夫人ですが，酔っ払った夫がスピーチを行い，花嫁に，将来の妊娠・出産を象徴する記念品を贈呈している光景を見て，会場にいる人々が笑う中，夫人だけは笑うことができません．夫人は，周りで笑っている人々はみな自分を嘲笑しているように思えてきて，しまいには，全ての人々が自分より強くて，自分の事を笑っているように感じるのです．家までの帰路，自分の結婚当初を思い出し，今や5人の子供がいてお金も2倍になったのに，「いったい何のためなのか？」（Mansfield, 2001, p. 710）と自分の生活が何のためにあるのかを問い続けます．しかし，その晩も

マンスフィールドが描くニュージーランドの女性像

「いつも同じ，世界中同じ，でも，ああ，ばかばかしい」（Mansfield, 2001, p. 711）とつぶやき，夫がベッドに入ってくると傷つけられることを覚悟する子供のように顔を覆う夫人の姿でこの物語は終わります．

　この作品では，結婚し，夫に仕え，子供を産み育てるだけの女性の人生への幻滅が描かれています．しかし，マンスフィールドをフェミニスト作家と見なすことについては，現在も様々な意見が存在します．その理由としては，多くの批評家が指摘するように，マンスフィールドが執筆した全作品を通して考えた場合には，初期の一時期の作品にしか，フェミニズム色の強い作品を描いていないと言えるからです．1915 年に弟レズリーが出征先で亡くなって以降，彼女は，故国ニュージーランドとその思い出を描くことを使命だと認識し，彼女の家族や知人をモデルとした彼女の代表作となる「ニュージーランドもの」と呼ばれる作品群を執筆します．それと同時に，彼女の初期作品に見られた風刺的な作風は薄れていきます．このように最愛の弟の死と自身の長引く病気は，彼女を苦しめましたが，これらを通して彼女は真の作家へと成長していきました．ここで注目されるのは，「ブレッヘンマッヘル夫人の結婚式出席」に見られた結婚や出産を含む女性の人生へのマンスフィールドの関心は，彼女のその後の作品でも，様々な形で継承されていると言えることです．そこで，本稿では，主にニュージーランドを舞台とするマンスフィールドの作品に表象される性別分業像に着目したいと思います．

　マンスフィールドのニュージーランドを舞台とした作品は大きく分けて2種類に分類できます．1つ目は，開拓移民たちの人生やニュージーランドの先住民であるマオリ人とパケハ（白人）との関わりを描写した彼女の習作時代の作品群です．この作品群の中には，彼女がニュージーランドを永久に去る少し前の1907年に，ニュージーランドの奥地を旅した経験を題材にして創作された作品も含みます．2つ目は，彼女のいわば記憶の旅とも言える自分の幼少期の思い出に基づいて描かれた作品群です．当時のニュージーランド社会の地域別性別分業像にも着目するために，今回は，彼女のニュージーランド奥地旅行により生まれたニュージーランドの辺境を舞台とした作品，および幼少期の思い出を基

に創作されたウェリントン都市圏を舞台とする代表作を取り上げ，彼女が描き出す当時のニュージーランドに暮らす妻たちの生活に迫っていきましょう．その中で，初期の作品で構築したブレッヘンマッヘル夫人を通して描いた女性の人生に関する問題意識をその後の作品においてもその他のテーマと関連し合う形で継承していることを見て行きましょう．

II　ニュージーランドの辺境に住む家族

　入植者の少ないニュージーランドの辺境を舞台とし，女性の暮らしを描いている作品としては，「小屋の女」("The Woman at the Store")と「ミリー」("Millie")が挙げられます．前衛的な雑誌である『リズム』誌の編集者のジョン・ミドルトン・マリ（マンスフィールドの2番目の夫になる人物）は，「小屋の女」の地方色が気に入り，この作品を1912年に『リズム』誌に掲載しました．「ミリー」は『リズム』誌から改名された『ブルー・レヴュー』誌に1913年に掲載されました．どちらの作品も，マンスフィールドが，1907年に約1ヶ月間ニュージーランド北島の森林に覆われたウレウェラ地域（トゥホエと呼ばれるマオリの1部族の居住地）などへのキャラバン旅行に加わった際に垣間見た入植者たちの生活からインスピレーションを得て制作されています．

　「小屋の女」では，荒涼とした自然を背景として，男女3人の旅人が，店に立ち寄り，一晩をそこで過ごすことが描写されています．その店兼用の小屋に旅人たちが訪れると，そこには，赤い手をしたやせ細った妻ともうすぐ6歳になる娘しかいません．その妻は，夫が不在の理由を羊毛狩りに行ったきり帰って来ないのだと説明します．その晩，小屋に住む女は，旅人たちに，自分の生活の不満を語ります．女は，結婚して6年になり，その間に4回流産し，そして夫が自分の心をずたずたにし，顔を台無しにさせたのだと言います．そして，「いったい何のためなのよ」(Mansfield, 2001, p. 558)という言葉がいつも頭の中で鳴り響いているのが聞こえるのだと伝えます．また，夫が長い間家を留守にし，店を女に任せ，自分をひとりぼっちにさせること，そしてきまぐれに帰って

きた時には自分に性の相手をさせることなどを語ります．しかし，作品の最後で，実際は，この女が夫を殺していたということが子供の絵によって，明らかになります．このように，小屋に住む女は過酷な環境と男性社会の犠牲者として描かれていますが，しかし同時にそれらは彼女を狂気に陥れ，彼女を凶行に駆りたてたのです．彼女の凶行は，夫を含む既存の社会への復讐のあらわれであるとも解釈できるでしょう．

一方，「ミリー」に登場する女性主人公ミリーは，子供はなく，シッドという名の夫と暮らしています．本作品は，ミリーの1日の心の変化を追った作品であると言えます．近くの農場で殺人事件が起こり，シッドを含む男たちはその殺人犯の青年を見つけに町へ出かけていき，ミリーは1人，家の番をしています．家事をし終わり，寝室に行くと，ミリーは，「理由は特にないが，思いっきり泣いてみたい」(Mansfield, 2001, p. 572) という気分になります．しばらくして，ミリーは，人の気配を感じます．彼女は銃を持って決死の覚悟で，家の敷地内に迷い込んだ殺人犯に，向き合いますが，その犯人がまだ少年と言ってもいいくらいの若者であり，かなり弱っていることに気づきます．彼女は，殺人犯である彼を介抱している内に，母性に似た感情が芽生えます．そして，荒々しい男たちから彼を守ろうと決意します．しかし，夫が帰宅し，夫をはじめとする男性たちが殺人犯を追っていく姿を見ると，ミリーは興奮を覚え，青年を庇護するという決意とは裏腹に「彼を撃ち殺してしまえ」と叫ぶところでこの物語は終わります．このミリーの心境の変化は，様々な解釈が可能であると考えられますが，男性支配社会の中で抑圧されている女性の問題として解釈することも可能です．つまり，女性の仕事として1人で家を守っている間に，ミリーと同じように孤独で男たちに怯えている青年を通して，母性に似た感情が芽生えますが，緊迫した状況の中で，夫を含む男性たちによってその新たに芽生えた感情も抑圧され，彼女は錯乱したとも読めるでしょう．

これらの両作品に登場する妻たちの共通点は，荒くれ男たちが支配する男性社会という抑圧構造の中で，女性の仕事として家を守ると同時に必要に迫られた植民地女性ならではの仕事（野良仕事，店の経営，銃を

使用しての侵入者との格闘等）も任され，話し相手もなく孤独であるという点です．経済的・肉体的・精神的にも苦しい辺境の地で，家に縛られている彼女たちの苦悩の根底には，男性たちの無理解と不平等性の上に構築された**性別分業**という問題が存在しています．ニュージーランド奥地への旅の記録を記したマンスフィールドのノートを見る限り，旅を通して出会った女性入植者たちは少数ですが，その苦悩を感じ取り（または想像し），彼女たちの生活実態と心理を描き出したことは，結婚した女性の暮らしへの彼女の関心の高さが窺えると同時に，平等を標榜する牧歌的なニュージーランドというイメージの陰に隠れたこの国が抱える問題を描いたとも言えます．

Ⅲ　ウェリントン都市圏に住む家族―「前奏曲」におけるリンダ

　マンスフィールドの幼少期の思い出に基づいて創作された「ニュージーランドもの」の代表作は，バーネル家の系列とシェリダン家の系列の物語に分類することができます．バーネル家系列のものには，「前奏曲」("Prelude")，「入江のほとり」("At the Bay")，「人形の家」("The Doll's House")が含まれます．一方，シェリダン家を中心とした物語に属すものとしては「園遊会」("The Garden-Party")や「初めての舞踏会」("Her First Ball")などが挙げられます．これらは一連のシリーズものとして読むことが可能です．今回は特に，バーネル家系列の家族の物語を見て行きましょう．「前奏曲」は 1916 年に書き上げられた『アロエ』(*The Aloe*) を改作したものです．マンスフィールドが『アロエ』を書くに至った背景には，1915 年 2 月に最愛の弟であるレズリーがイギリスの軍隊に入隊するために渡英してきて，久しぶりに再会し，自分の故郷と実家を思い出したことにあります．そして『アロエ』は同年の 3 月から 5 月にかけて起稿されました．しかし，レズリーは同年 10 月にフランスで演習中の事故により亡くなります．このことは大きな悲しみでしたが，同時に，彼女に強く祖国について書くことを使命として認識させる契機になりました．このような思いの中，「前奏曲」は『アロエ』

を改作した作品として1918年に世に出ました．

「前奏曲」は，12章から構成される物語で，一家が町から郊外の広い家に引っ越し，そしてそこに定着するまでの様子が描かれます．「前奏曲」に登場するバーネル家の家族はイザベル，キザイア，ロティの3姉妹と父親のスタンリー，母親のリンダ，祖母のフェアフィールド夫人，叔母のベリルから構成されています．また使用人（下男のパットや女中のアリス）を雇っていることからも，ニュージーランドの首都として安定した都市になりつつあるウェリントンを象徴するような裕福な中産階級の家庭であると言えます．キザイアを中心とするいきいきとした子供の世界の描写は本作品の魅力ですが，ここでは，大人の世界，特に母親のリンダに焦点を絞り，論じていきます．

病弱で，出産と子育てを嫌悪するリンダに代わり，この家の家事を実際的に担っているのは，リンダの母親であるフェアフィールド夫人（キザイアの祖母）です．家族や家から去りたいという逃避願望を持つリンダとは対照的に，新しい家に越してきたばかりなのに，すでにフェアフィールド夫人は，台所の一部になっているかのように描写されています．また，リンダは，母親の姿に慰められ，母親に精神的にも依存している女性です．リンダの夫のスタンリーは，**資本主義的家父長制**の典型的な家長として描写されます．つまり，一家を養うための十分な「ファミリー・ウェイジ」を確保するために外で働き，家事は女性たちに任せています．女性たちは，様々な本心を隠しながらも横柄で物質主義的なスタンリーに全面的に服従しています．また病弱な妻の身を顧みず，スタンリーは，跡継ぎとしての息子の誕生を望み，そのことはリンダを苦しめています．

第11章で，リンダは母親と一緒に今年に花をつけそうなアロエを見ていると，アロエが船のように見え，その船に乗って遠くへ行く自分を想像します．また，リンダは，アロエを見ながら夫や出産のことについても考えます．彼女は，夫に対して相反する感情を抱いていることを自覚しています．それは，一方で，スタンリーを愛し，敬服し，尊敬しているにも拘わらず，他方で，彼への憎悪がありありと存在しているとい

うことです．彼女はこの憎悪の気持ちを小さな包みに包み込んで，夫に渡して驚かせたいと思い，スタンリーが目を見開く姿を想像します．そして人生が滑稽だと感じるのです．このように彼女は，妻や母親という役目から逃れたいという逃避願望を抱きながらも，それを夢想にとどめ，「私は子供を産み続け，スタンリーはお金をつくり続け，子供たちと庭は大きくなり続ける」（Mansfield, 2001, p. 54）という日常生活にとどまり続けます．しかし，夫は，このような妻の本心に気づくことも理解することもなく，表面的には理想的に見える2人の関係には，埋められない溝が存在しているのです．

　アロエはこの作品で，特に象徴的に描かれ，複雑な意味を持つシンボルとして存在しています．クレア・ハンソン（Clare Hanson）とアンドルー・ガー（Andrew Gurr）（1985）は，アロエを人間の生命力の象徴として捉え，アロエの潜在的な開花能力は，「前奏曲」の続編とも言える「入江のほとり」において，誕生した息子の笑顔に思わず笑ってしまうリンダの変化（自己の開花）を暗示していると指摘しています（pp. 81-83）．リンダにとって，アロエは逃避の象徴でもありますが，彼女の自己の開花の可能性が近くまできていることは，「100年に一度」しか花を咲かせないアロエが，第11章において，今年は花をつけそうであるという描写とも関連していると言えます．では，次に「入江のほとり」におけるリンダの変化と性別分業像を見て行きましょう．

IV　「入江のほとり」におけるリンダとジョナサン

　「入江のほとり」は，12章で構成され，避暑地の別荘で過ごすバーネル家の人々のある1日の様子が描かれます．この作品は，1921年に書かれ，1922年に短編集『園遊会，その他の物語』（*The Garden-Party and Other Stories*）に収められて出版されました．これはマンスフィールドの生前に発表された最後の短編集です．マンスフィールドは，1918年に最初の喀血を経験し，結核による肉体的苦痛と死の恐怖に苦しみますが，次第に自分の病気を受け入れ，そして，人生をありのままに受け入

れようとする積極的な姿勢にかわっていきます．このような時期に書かれた「入江のほとり」は，第7章での祖母フェアフィールド夫人と幼いキザイアによる死に関する会話に顕著にあらわれているように「生と死」の問題が扱われています（本作品における時の問題については，吉野（2009）：43-48を参照）．この「生と死」はマンスフィールドの晩年の作品の主要なテーマと言えるでしょう．しかし，このように「生と死」をテーマとする「入江のほとり」にも「前奏曲」から引き継ぐ女性の役割の問題に加え，男性の役割も含む性別分業の問題も組み込まれているのです．

　本作品では，リンダには息子が誕生していますが，彼女はその息子を愛せずにいます．第6章で，眠っている赤ん坊のそばで，リンダは，自分に問い続けている人生に関する疑問について思いを巡らします．そして彼女は，子供を産むことは女の当たり前の道だと言うのはいいけれど，彼女自身としては，それが間違っていることが証明できると思うのです．リンダ自身は，「子供を産むことにより，ずたずたになり，衰弱し，気力もなくなってしまった」と思うのです（Mansfield, 2001, p. 223）．そして二重に耐え難いことは，子供を愛せないことであり，愛しているふりをしても無駄であったとリンダは結論づけますが，ふと，寝ているはずの息子に目を見やると，息子はリンダの方を見ていて，突然笑い，明るい輝きのように見えます．リンダは思わず笑ってしまい，ついには，この赤ん坊に対する愛が彼女にこみ上げてくるのです．これは，新たな自己の開花の瞬間であるかもしれませんが，リンダとスタンリーの関係は，「前奏曲」で描かれていた時と変わらずに，親密な意思疎通に欠け，その溝は依然として存在しています．このような中，本作品で男性登場人物と女性登場人物が，本質的な問題を議論し，2人の会話が響き合う場面が存在します．それは，第10章で展開されるリンダとジョナサン・トラウトとの会話です．ジョナサンにとって，リンダは義姉です．

　リンダは，ジョナサンに「月曜日に会社に戻るのね？」（Mansfield, 2001, p. 236）と質問すると，彼は，会社を檻にたとえ，その中に，

11ヶ月と1週間閉じ込められるのだと答えます．一度きりの人生において，人生の一番いい時を会社に行き，9時から5時まで費やすことはばかばかしいことなのだとジョナサンは嘆くのです．これまでリンダが，妻または母親としての役目を逃れたいと思いつつ，家族の元で生きてきたのと同様に，ジョナサンは，家長として妻と2人の息子を養うという男性に課せられる役目を忌み嫌いながらも，現在の自分の役割に従っている男性です．ジョナサンは，自分に課せられた働く生活を囚人の生活とも比較し，自分で自分を牢獄に閉じ込めて，誰も自分を出してくれないという点で，囚人の生活より耐え難いと説明します．

また，ジョナサンは，自分を部屋に飛び込んだ虫にもたとえ，再び外に飛び出さず，天井にぶつかりながらじたばたする姿に自分を重ねます．そのように思うなら，どうしてその場から出ないのかというリンダの質問には，「許されていないし，禁じられているし，虫の法則に反する」（Mansfield, 2001, p. 238）のだと説明します．ですが，最終的には，自分の弱さをリンダに認めるのです．リンダは，ジョナサンは決して変わることがないと思っていますが，「今ではもう遅すぎるのかしら？」（Mansfield, 2001, p. 239）と聞いてみます．しかし，ジョナサンは白髪交じりの頭を見せて，自分はすでに年を取っていることを告げるのです．

音楽や本を好むジョナサンは，スタンリーがジョナサンの2倍の稼ぎがあることに象徴されるように，スタンリーほどマッチョな登場人物ではありません．この2人の男性登場人物の違いは，リンダが，スタンリーのことをニューファンドランド犬のように思い，ジョナサンのことを雑草のようだと思うことにも現れています．このような人物造形がジョナサンに与えられたからこそ，リンダとジョナサンの会話は，社会が与える役割に苦しむ者同士の深い洞察力に基づく会話となったのです．2人の会話は，人間に与えられた時の短さの問題が描かれると同時に，社会が与える役割への疑問であり，性別分業のあり方の問題にも触れた場面です．男女の登場人物によって，このような本質的な問題が吟味され，言葉で会話がなされることは，マンスフィールドの全作品を通しては希有なことですが，2人の会話は，与えられた短い生の中で男性

もまた性別分業の犠牲者であるという視点を読者に提示し，死を目前にした作者による普遍的な問題の提示にも思えます．

V　おわりに

　「前奏曲」を執筆する以前のマンスフィールドの習作時代のニュージーランドの辺境を舞台とした作品とウェリントン都市圏を舞台とした代表作を今回は主に見てきました．少し視点を変えて考えてみると，彼女がニュージーランドを描く時，それは，過去の人々に永遠の命を与えることを意味すると同時に，イギリスをはじめとする海外の読者にとっては，大英帝国の外縁前哨地の姿を知り得る機会となります．1893年にニュージーランドは，世界で初めて女性に参政権が認められた国となりましたが，英国家父長意識に基づく性別分業は強固に維持されていきました．マンスフィールドの作品においても伝統的な性別分業像が描かれます．しかし，そのような状況の中で，辺境の地に住む家族に関しては，妻として家を守る仕事の上に，植民地女性ならではの仕事も加わり，発狂と隣合わせの妻たちの心理と生活を描き出し，ウェリントン都市圏に住む家族に関しては，家長の夫が，会社で働き生み出すお金で作られた守られた空間（家と庭）の中で，妻は「**家庭の天使**」として存在しますが，心の底には常に逃避の願望を抱えているような円満ではない夫婦像を描くのです．マンスフィールドの鋭利な筆致は，ニュージーランド社会が抱える問題とそこで暮らす女性たちの複雑な心理を巧みに表象していると言えるでしょう．

参考文献

Fullbrook, Kate（1986）*Katherine Mansfield*. The Harvester Press.
Mansfield, Katherine（2001）*The Collected Stories of Katherine Mansfield*. Penguin.
ハンソン，C.・ガー，A. 木村康男訳（1985）『キャサリン・マンスフィールド―生涯と作品』北星堂書店．
吉野啓子（2009）『キャサリン・マンスフィールド作品の醍醐味』朝日出版社．

英語教育学

やる気を起こすために必要なこと
―「興味」と「自律性」を高める授業を考える―

奥田　阿子

I　はじめに

　筆者は，教養教育課程の1，2年生を対象とした英語の授業を主に担当しています．毎年4月には，これからの学生生活に期待と希望を抱き，目をキラキラ輝かせた学生たちが入学してきます．そんな彼らを目の前に授業を行えることが教員としての喜びの一つでもあり，毎年初心にかえり指導するきっかけにもなります．

　そんな筆者が，大学教員になって間もない頃，指導した1年生の学生に言われたことばが印象的で今でも忘れられません．「英語を学ぶことが大切なことは言われなくても分かっています．だけど，英語は好きじゃないし，できれば学びたくない．だからこそ，英語を勉強しなさいと言われたくありません．」筆者にとっては，とても衝撃的なことばでした．目がキラキラ輝いていると思っていた学生からの思わぬ投げかけに少し戸惑ってしまいました．大学生の主張としては些か幼い気もしますが，実に正直な気持ちであると思いました．それまで筆者は授業を通して，なぜ，英語が将来必要なのか，なぜ，英語を学ぶ必要があるのか，について学生に繰り返し伝えてきました．きっと，私が伝えてきたことは正論であったと思います．ただ，筆者が教員として欠けていた点は，学生の気持ちに寄り添わず，英語学習の大切さをただただ説いていただけなのだと気付き，深く反省しました．しかし，彼の気持ちにどれだけ寄り添っても，英語を勉強しなくてよい，という結論には至りません．教員として，このような学生に対してどのように英語学習への目的・目標を見つけさせ，いかにやる気にさせるのかを考えなければなり

ません．

　その一方で，こんなこともありました．1年生の時に指導した学生が大学院の入試を控えた4年生になって私の研究室へ突然やって来て，「1年生の時に先生が目標を持って英語を勉強していくことは大切だと言っていたのに，何故，早く大学院の試験に向けて英語を勉強しなかったのだろう．」と嘆き，英文法の指導や学習方法などの指導をお願いされたこともありました．この学生も英語が好きだったわけではありませんが，それから数ヶ月間，必死で英語を勉強し，真面目に課題に取り組む姿を目の当たりにしました．

　みなさんは，この2つの出来事から1年生と4年生の英語学習に対する意識の違いは何だと考えますか．廣森（2012）では，大学入学後の目標設定の困難さについて述べており，とりわけ，新しい目標が設定できないことで生じる学習動機への低下を指摘しています．つまり，目標の有無は英語学習に取り組む姿勢に大きく関わってくるといえるのではないでしょうか．さらに言えば，4年生には大学院へ合格するために英語学習を行うという明確な目標があり，学習への動機づけがされていました．つまり，1年生と4年生の学生では，英語学習における**「動機づけ」**の部分で大きな差異が生じているのです．

II　自己調整学習という考え方

　まず，動機づけについて話す前に**自己調整学習**という考え方についてふれていきたいと思います．例えば，就職活動中にTOEICのスコアが必要になった場合，英語学習は主に自分の力で進めていくことになると思います．英語学習を必要だと感じた際に，自ら教材を選び，学習プランを立て，適切な学習方法を選択しながら目標に向かって学習する力が必要となるわけです．このように自分で自分をコントロールしながら学習を進めていくことを自己調整学習と呼んでいます．

　誰しも経験があると思いますが，難しい長文にも積極的に取り組める日もあれば，英語学習自体をしたくない日もある．ある英語の課題は進

んで取り組めるのに，別の課題は気が進まず提出期限の前日にやっつけ仕事で終わらせる．英語学習に関わらず，学習の継続を妨げる最大の敵は「やる気」ではないでしょうか．やらなきゃの裏側にあるやりたくない気持ちを動かすためには，英語学習へのやる気をコントロールする必要があります．しかしながら，学習者本人がやる気を調整しながら学習への動機づけを行える場合もあれば，第三者が何らかの方法で動機づけを促す必要がある場合もあります．本章では自己調整学習の枠組みから，学習者自身がやる気を調整する**動機づけ調整方略**（Wolters, 2011）と教員が関わりながら，授業活動を通して動機づけを促していく方法についておはなしをしていきたいと思います．

III　学習者の視点からみた動機づけ調整方略

　では，学生はどのような時にやる気が低下すると感じているのでしょうか．筆者は2015年度に指導した学生を対象に，授業外で英語学習を行う際にやる気が出ないと感じる理由について自由記述の形式で答えてもらいました．その結果，1）英語学習自体がつまらない，面白くない，2）課題の内容が理解できない，難しい，3）そもそも英語学習自体に興味がない，4）英語学習しようとすると他のことが気になり，学習に集中できない，5）サークルやバイトなどで十分な学習時間が確保できない，といった5つの理由に大きく分けることができました．それでは，上記のような理由から学習意欲が低下してしまった際に，どのような動機づけ調整方略を用いればやる気の向上につながるのでしょうか．

　動機づけ調整方略については，すでに研究が進んでおり，梅本・田中（2012）では，以下の7つを大学生における動機づけ調整方略のタイプとして示しています．

(a) 興味高揚方略：学習内容などに興味を高めてやる気を出す方略
(b) 価値づけ方略：学習内容が将来役に立つなど学習に価値を出す方略
(c) 達成感方略：学習後の達成感を考えてやる気を出す方略

(d) 環境調整方略：自分の好きな場所で学習するなど周りの環境を調整してやる気を出す方略
(e) 認知変容方略：今やっている学習は簡単だと考えるなど自分の認知を積極的に変容させてやる気を出す方略
(f) 成績重視方略：単位を取るためなど成績を意識してやる気を出す方略
(g) 協同方略：友人との協同によってやる気を出す方略

　梅本・田中（2015）では，動機づけ調整方略と学習への取り組みの関係性について分析を行っています．この研究では，上記の（a）～（e）が相互に作用することでやる気を調整しているとみなし，（a）～（e）をまとめて「**自律的調整方略**」と呼んでいます．この研究結果と筆者が行った調査結果を照らし合わせると，学習意欲低下理由1）～3）には，上記の（a）～（e）にあたる「自律的調整方略」を使用することにより，学習の持続性と学習の取り組みに効果が期待できると考えます．この研究結果は，「**内発的動機づけ**」の考えとも一致する結果かもしれません．内発的動機づけとは，興味や関心など自分と関連付けて生じる動機付けのことで，内発的動機づけによって動機づけられた学習は学習の継続を促すと言われています．一方，報酬や賞罰など自分自身とは別の事柄と結びつけて生じる動機づけを**外発的動機づけ**と呼び，外発的動機づけによる学習は学習の継続が困難であると言われています．それらの観点から，やる気が出ない理由4）と5）においても（a）～（e）の自律的調整方略を用いることがやる気を起こさせる方略として望ましいと推測されます．また，上記の方略には含まれていませんが，伊藤・神藤（2003）が中学生を対象におこなった動機づけ調整方略に「整理方略」というタイプがあります．ここでの「整理」とはノートをきれいに分かりやすくとることを意味していますが，大学生にとっては思考の整理，スケジュールの整理という意味まで広げることで，整理方略が使えるかもしれません．つまり，4）のような英語学習以外のことが気になる場合は，なぜ，英語学習のタイミングで他のことが気になるのか，ノート

に書き出してみるのも思考を整理するうえで，効果的であると考えます．また，5）のような時間の確保が難しく，やる気が削がれてしまう場合には，隙間時間をうまく活用できるように，1日のスケジュールを書き出してみても良いでしょう．時間がないとはいえ，10分，15分の時間も取れないほど多忙な日々を送っている人は珍しいように思います．つまり，整理することで自分でも気づかなかった解決策や問題点を発見でき，内発的動機づけに繋げられるかもしれません．

　一方，7つの方略のうち（f）の成績重視方略は外発的動機づけにあたるため，学習を効率よく継続させることは困難であると予測できます．実際に，梅本・田中（2012），（2015）双方の研究結果からもやる気の出ない理由1）に対して，成績重視方略を使用した場合，学習の持続性にネガティブな影響があることが示唆されています．また，興味深い研究結果ですが，同研究において（g）の協同方略を使用することは，大学生にとっては学習を阻害する可能性が示唆されました．筆者の授業中でもグループワークをさせていると起こり得ることですが，やる気が出ない学生同士が集まってしまうと，本来議論しなければならないこととは別の話題で話しが盛り上がってしまい，かえって学習に集中できない環境を作ってしまうことがあります．自分で学習を進める際にも，やる気が出ないからといって友達と一緒に学習しようとすると，さらにやる気を低下させてしまう恐れがあるので注意が必要です．

IV　動機づけの働きかけに必要な要素

　ここからは，授業中の活動を通して，動機づけへ関与をしていく方法について述べていきたいと思います．まず，動機づけに働きかけるためには何が必要なのでしょうか．それは，これまでの自己調整学習の研究から「**興味**」と「**自律性**」であることが分かっています．ここでの「興味」とは，大きく捉えれば，英語を学ぶことに対する興味と言えますが，学習内容への興味，学習課題への興味，授業中の活動への興味など小さい枠組みで捉えてもよいでしょう．Hidi・Ainley（2009）では，興

味のある学生は，自己調整に必要な学習方略を計画し，それを実行しようとする動機づけが非常に高い傾向にあると述べています．また，これまでの研究から，目標設定をする前でも活動に興味を持てば自己調整が促される可能性について言及されているだけでなく，活動に興味をもつことで動機づけを生み出す要因になることも示唆されています．つまり，自己調整学習者になるためには，まず興味を持つことから始まると言っても過言ではないでしょう．さらに，学習における「自律性」とは，「効果的に学ぶために自ら学習を管理できる能力である．」と津田（2013）では定義されています．動機づけに自律性が必要となるのは，自律が内的動機づけを支える柱となるからです．そのため，自律性を育成していくことは，結果的に動機づけに働きかける作用になると言えるでしょう．

次に，「興味」と「自律性」の育成を促す方法とは何かが重要となってくると思います．岡田（2012）は，「教師などの他者から教授された内容によって，学習内容に対して興味をもつことが，結果として自己調整的な学習を促進すると考えられる」と述べているように，特に，興味や自律が十分に発達していない初期の段階では，教員の関与，支援が重要な役割になってくるでしょう．Hidi・Ainley（2009）で述べられている研究結果をまとめると「興味」を育てる過程では，ポジティブな感情を体験しながら学習へ取り組むことが必要で，指導時には1) 課題に選択肢を与えること，2) 内容に関連した知識を形成し，自律性の感覚を促すこと，3) コンピテンスの感情を育むこと，4) 仲間とともに取り組むこと，5) ネガティブな感情が生まれた際には，感情を変化させるように支援すること，が大切だと述べています．また，「自律性」を育てる過程では，アクティブラーニングなど学習者が主体となる活動を通して他者とのやり取りの中で学んだこと，気づいたことを自ら学習に取り入れることが肝要であり，教員はそのような環境を授業中につくり出し，学生を支援していくことが必要となるでしょう．

V 反転学習という考え方

ここからは，ライティング指導を通して「興味」と「自律性」を育成し，動機づけに働きかけることをねらいとした授業例を紹介します．この授業は，大学1年生を対象に指導を行ったものです．この授業の到達目標は，1) 5 paragraph essay の構成と各パラグラフの書き方を説明できる，2) 論理的思考を用いた 5 paragraph essay が書けるようになることでした．授業スケジュールは表1に示す通りですが，ここではライティング指導を行った3回〜12回の授業に焦点を当てて説明を行いたいと思います．

表1 授業スケジュール

	授業中		授業外での課題
	確認テスト	授業内容	
1〜2回目		英語の学習方略について共有する 身近な問題について議論する	
3〜12回目	毎回あり	構成について学ぶ 論理的思考とは何かを学ぶ Body paragraph の書き方 Introduction paragraph の書き方 Conclusion paragraph の書き方	毎回あり ・2分程度のビデオを視聴し，書き方を学ぶ ・学んだ知識をもとにライティングを行い，授業の2日前までに提出する
13〜15回目		グループごとにメンバーの書いたエッセイの内容をまとめて発表する	

授業形態には，**反転学習**を取り入れました．反転学習とは，授業と宿題の役割を「反転」させ，授業時間外にデジタル教材等により知識習得を済ませ，教室では知識確認や問題解決学習を行う授業形態のことを指します（重田, 2014）．また，反転学習を導入した際の授業中の活動は，

アクティブラーニングにおける活動と同様のものであると森（2015）で述べられているほか，大藪（2015）では，アクティブラーニングを導入した授業では，「授業中の活動を，授業外の自律的な学習を促し定着させる役割と位置づける」ことにより，自律性の育成が可能であると述べています．つまり，動機づけに働きかけるためにも自律性が育成されるアクティブラーニングを活用することは必須であるとも言えます．

　反転学習を導入した背景には，自己調整学習という観点から，学習を進める際に必要な学習ステップを実現しやすいという点にありました．Zimmerman（1998）によれば，学習には望ましい3つの学習ステップ（**計画，遂行／意志的制御，自己内省**）が存在し，3つが学習サイクルとなって循環することが求められます．伊藤（2008）によると，「計画（予見）は，学習の下準備の段階．目標を設定し学習方略の計画を立てていくが，その前提として，成し遂げることに対する自己効力感や課題への興味が想定される．遂行／意志的制御は，学習方略が実行に移されると同時にその遂行がうまく成されるように集中したり，順調に進んでいる

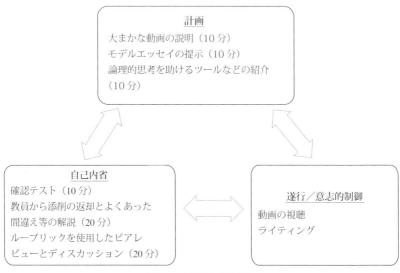

図1　授業中の活動

かどうかモニタリングしたりといったコントロール作業が行われる．自己内省では，学習成果が目標に達したか，あるいは基準をどれくらい満たしたかを自己評価し，なぜうまくいったのか，またはいかなかったのか，その原因を振り返る．」と説明されています．授業の到達目標に直接関係する3回目〜12回目の授業活動を学習サイクルごとにまとめたものが図1になります．

VI 指導法の提案

では，ここからは授業活動を通して，どのように興味と自律性の育成に関与する工夫をしたのか詳しく説明を行います．

授業全体を通して「興味」と「自律性」の育成という観点から留意した点は，エッセイのトピックは身近な問題を選定し，課題に興味を持たせること，他者を評価するピアレビューを通して「気づき」を促すこと，教員からの添削とフィードバックを毎回行い，ライティングへの不安やネガティブな感情を軽減すること，クラスメイトや上級生が1年生の時に書いたエッセイを解説で用いてモデルとして提示し，「気づき」への誘起と「興味」の発達を促進させることでした．

具体的には，1，2回目の授業では，主に自分の身近な問題について議論しました．自分たちで議論した問題をエッセイのトピックにすることで，エッセイを書くことへの興味とライティングに対する抵抗感を軽減させる狙いがありました．

3回目以降の授業では，図1に示した学習サイクルを取り入れた活動を行いました．授業は自己内省からスタートし，授業外で行った学習の簡単な確認テストを実施して，学習の振り返りと知識の定着を図ります．次に，教員からのフィードバックと間違いの多かった箇所の解説を行います．特に，ライティングに慣れていない1年生の多くは，ライティングの自己評価が大変難しく，書いた内容があっているのか，言いたいことは伝わっているのかなど，不安を抱く要素がたくさん存在します．そのため，授業の数日前にライティング課題を提出してもらい，教

員が添削したものを授業中に返却するようにしました．

　この授業の到達目標は，エッセイライティングの構成や書き方の習得を目的としているため，英文法に厳しい評価はつけず，言いたいことが伝わればよいという基準でコメントを残します．ただし，論理的思考を身につけることを到達目標としているため，文章の構成や内容については厳めにコメントを付けました．その際，フィードバックのコメントには必ず良かった点と改善点を書き入れるように心がける必要があります．良い点を伝えることで，ライティングに対する苦手意識やネガティブな意識を軽減し，学生の自己効力を高めることが可能です．改善点では最初は具体的にどのように修正をすればよいか書き入れますが，数回添削した後は自分自身で間違いに気づけるようにヒントのみを与え自律性に繋げるようにします．添削を繰り返していくと，学生はヒントをもとにビデオを再度視聴したり，インターネットで検索したり，友達に質問したりしながら間違いを修正できるようになっていました．添削の際に教員が気づいた点やよくあった間違いなどの解説を行う際には，名前を伏せた状態で，添削済みのエッセイを全員に見せながら説明を行います．ここでは，改善点のあるエッセイだけを取り上げるのではなく，改善点が極めて少ないエッセイも提示するようにしています．授業の活動の中で学生に好評なのが，この他者の作成したエッセイを数多く見ながら解説が聞ける点でした．各パラグラフの長さ，使用している英単語，書いている内容を自分のものと比較しながら，自分のエッセイの改善点について気づくだけでなく，良いエッセイだと紹介された学生は自己効力をより高められているようでした．

　ピアレビューにおいても同様に，他者のライティングに触れる機会を設けることで「気づき」を促すことを目的としています．また，ピアレビューと教員からのフィードバック，解説を聞いても理解できない点，疑問点などについてグループで話し合う機会を設けることで，互いに教えあう環境ができあがるだけでなく，教員も学生が理解できていない点を把握し，さらに解説を加えるなどの支援を行うことが可能となります．

やる気を起こすために必要なこと

　次の計画段階へ移る際には，まず授業中に次回までに視聴するビデオの内容について大まかな説明をします．少し解説をしておくと，学習時の理解度が高くなるだけでなく，自分自身で学習しなければならないという不安を軽減し，学習へのハードルを下げる効果がありました．また，この段階で上級生が1年生の時に書いたエッセイをモデルとして提示し，授業外で書くエッセイの模倣になるようにしました．興味の発達段階，特に初期の頃は，繰り返し観察できるモデルの存在が必要であり，モデルとしてピアレビューしている相手のエッセイや上級生のエッセイは興味を育み，動機づけへと働きかける極めて重要な役割を果たすでしょう．加えて，論理的思考を行う際に必要な情報整理のフレームワーク（マインドマップ，ロジックツリー，KJ法など）の紹介やエッセイに役立つ英単語，フレーズの紹介，Googleを活用した情報収集の方法，英語で知りたい情報を検索する方法，自己編集（self-editing）の方法，学習方略などについても紹介しました．
　授業外での学習と課題遂行が重要となる反転学習では，自分に必要なツールや学習方略を選択しながら，課題に自らの力で取り組めるようになることが大切です．これは，自己調整学習の考えと一致する点から，興味と自律性を育成しながら動機づけに働きかけていくうえで反転学習は重要な意味をもつ授業形態だといえるでしょう．

VI　さいごに

　英語の習得は，1日で成らず．少しずつの積み重ねが大きな成果となって現れます．英語の学習は楽しいことばかりではありませんし，苦痛をともなうこともあります．退屈だと感じる日もあるでしょう．それでも，英語学習をしなければならない時，やりたくない気持ちを動かせるのは動機付けです．そして，動機付けに働きかけることができるのは，英語学習への興味と自律性です．英語学習で行き詰まっている人に，英語学習への導き方について悩んでいる先生に，本章がその助けとなれば幸いです．

参考文献

伊藤崇達（2009）『自己調整学習の成立過程―学習方略と動機づけの役割』北大路書房．

伊藤崇達（2008）「「自ら学ぶ力」を育てる方略―自己調整学習の観点から」『BERD』No. 13,14-18.

岡田いずみ（2012）「英語教育」自己調整学習研究会（編）『自己調整学習―理論と実践の新たな展開へ』203-223．北大路書房．

森 朋子（2015）「反転授業―知識理解と連動したアクティブラーニングのための授業枠組み―」松下佳代・京都大学高等教育研究開発推進センター（編著）『ディープ・アクティブラーニング』52-57．勁草書房．

Shunk, D. H & Zimmerman, B. J.. (Ed)（1998）『Self-Regulated Learning From Teaching to Self-reflective Practice』The Guilford Press． 塚野州一（編訳）（2007）『自己調整学習の実践』北大路書房．

「仰げば尊し」の謎
―原曲のルーツを探る―

小笠原　真司

I　はじめに

　英語教育において，英語の歌を利用する方法は広く行われています．ビートルズを始め多くのポップソングなどを用いた授業は，中学，高校，大学の英語教育で生徒や学生の英語への興味を高めるとともに，英語の歌を聞きとるリスニング指導や英語の歌詞そのものを読むリーディング活動などに利用されています．

　使用される歌は多様でフォークソングや民謡を始め，様々なジャンルの歌が考えられます．それらの中には，原曲のメロディーに日本語の歌詞がつけられ，日本の歌としてもよく知られている曲があります．本論ではそれらの中から，長年卒業式の定番曲として歌い継がれてきた「**仰げば尊し**」を取り上げてみたいと思います．なぜならば，「仰げば尊し」の作詞者，作曲者は未詳とされているからです．

　明治の初期から歌い継がれてきた「仰げば尊し」の作詞者，作曲者が足掛け3世紀わからないままというのは，不思議でなりません．そこで，「仰げば尊し」と同じく卒業式の定番曲「**蛍の光**」と対比させながら，「仰げば尊し」の作詞者，作曲者を探す旅に出てみたいと思います．

II　「蛍の光」の原曲

　作詞者作曲者未詳の「仰げば尊し」とは異なり，明治初期より卒業式等で歌い継がれてきた「蛍の光」の原曲ははっきりとしています．原曲は **Auld Lang Syne**（オールド・ラング・ザイン）であり，スコットラ

ンドに伝わるメロディーに，スコットランドの詩人 **Robert Burns**（ロバート・バーンズ /1759-96）が詞をつけたスコットランドの代表的な曲です．

　表題の Auld は標準英語では Old，同様に Lang は Long ですが，Syne にあたるものがありません．標準英語のタイトルでは Old Long Since と表記されます．Syne は「昔」というニュアンスを持つスコットランド語ですので，語感や語源から一番近い Since を選んだものと思われます．しかしながら，標準英語の Since には名詞の用法はありません．また Syne の発音は，スコットランドでは「サイン」が普通ですが，一般に歌では「ザイン」と発音します．

　Auld Lang Syne の歌詞の内容は，久しぶりに再会した友人と昔をなつかしみながら，友情の杯をかわすというものです．また，旧友をしのぶ歌とも解釈できます．Robert Burns の歌詞は以下の通りです．英語の歌詞とその訳を載せておきます．

Auld Lang Syne

Should auld acquaintance be forgot,
And never brought to mind?
Should auld acquaintance be forgot,
And days of auld lang syne?
（Chorus）
For auld lang syne, my dear
For auld lang syne,
We'll take a cup of kindness yet
For auld lang syne.

「久しき昔」
むかしなじみは忘れられ，
そして，決して思い出されないのか？
むかしなじみは忘れられ，

そして，なつかしき昔も？
（コーラス）
なつかしき昔のために，君よ
なつかしき昔のために，
私たちは，友情の杯をかわそう，
なつかしき昔のために．

III 「蛍の光」の作詞者は？

　スコットランド民謡 Auld Lang Syne は，そのメロディーが日本に輸入され日本語の歌詞がつけられました．徳川幕府から明治新政府になり，当時の日本は文化面でも西洋に追いつくことが急務でした．西洋音楽も導入されましたが，当時はまだ西洋音楽の理論を勉強し作曲を行える人材は日本にはいませんでした．西洋音楽の黎明期における代表的な音楽家滝廉太郎が代表作「花」を作曲するのは，1900 年（明治 33 年）のことです．したがって明治初期は，外国のメロディーに日本語の歌詞をつけることが多く行われました．

　「蛍の光」は 1882 年（明治 15 年）に音楽教科書『小学唱歌集・初編』に「蛍」という題で取り上げられました．そして，その後卒業式の定番曲として広まっていくことになります．親しみやすいヨナ抜き音階からなり，旋律が自然な盛り上がりをみせる特徴をもっています．そのためこの曲は日本人に受け入れられ，また人気曲となりました．なお原曲は 4 分の 2 ですが，日本では 4 分の 4 で演奏するのが普通です．

　当時の文部省唱歌の多くがそうであるように，「蛍の光」も作詞者が長年未詳となっていました．当時唱歌集に掲載された文部省唱歌は，選定委員により極秘に編纂されました．国家プロジェクトだったため，作詞者や作曲者は原則発表されませんでした．そのため多くの文部省唱歌の作詞者や作曲者の欄は，文部省唱歌あるいは作詞者未詳と表記されています．

　しかし，最近文部省唱歌に関する研究が進んできました．長年文部省

唱歌とされている曲の作詞者がわかったものもあります．たとえば，1910 年（明治 43 年）に『尋常小学読本唱歌』に掲載された「われは海の子」の歌詞は，文部省の編纂による『尋常小学読本』からとられたものであり，そのため文部省唱歌と記載されてきました．しかし佐野（2000）によると，作者は北海道小樽新聞の記者で，その後童話の創作や翻訳などを行った宮原晃一郎（みやはらこういちろう /1882-1945）であるとのことです．「われは海の子」は，宮原が文部省の「新体詩懸賞募集」に応募したときの佳作入選作品であり，宮原の長女が保管していた入選通知などからそのことが裏付けられています．ただし最終的には，宮原の作品に当時の選定委員が手を加えた可能性もあり，現在でも学習指導要領や教科書では文部省唱歌とされ，作詞者は記載されないのが普通です．

「蛍の光」の作詞者に関しても研究が進み，歌詞は**稲垣千頴**（いながき・ちかい / ?-1913）によってつけられたという説が有力です．稲垣は当時東京師範学校の教員でしたが，**井沢修二**（いざわしゅうじ /1851-1917）の要請を受けて**音楽取調掛**に就任しました．井沢はアメリカ留学で **Luther Mason**（ルーサー・メイソン /1818-1896）から音楽教育を受け，帰国後東京師範学校校長と音楽取調掛長を務めていました．音楽取調掛とは，1879 年（明治 12 年）から 1887 年（明治 20 年）まで存在した文部省所属の音楽教育機関であり，『小学唱歌集』などの編纂を行いました．稲垣は国学者で歌人であり，東京師範学校教員として和文教育を推進した人物です．また音楽取調掛に就任したことで，「蛍の光」の他，「蝶々」など多くの唱歌の作詞を手掛けることになります．なお Luther Mason はアメリカ留学中の井沢修二に音楽教育を指導したことが縁で，1880 年（明治 13 年）に明治政府に招聘され，2 年間音楽取調掛で音楽教員の育成方法や教育プログラムの開発を行いました．また唱歌の仕事にも関わりました．

IV 「蛍の光」の誕生

　「蛍の光」の作詞者は長年未詳と記載されてきましたが，明治初期から稲垣の作詞であるということは知られていたようです．たとえば，1881年（明治14年）7月の東京日日新聞には，宮中で行われた洋楽の演奏会にてこの曲が演奏されたことが記事として載っています．その解説の中に，この歌は東京師範学校教員稲垣千穎の作であるとの記述があります．しかしその後作曲は「スコットランド民謡」と表記されながら，長年作詞者は未詳とされることになります．キングレコードのCD『蛍の光のすべて（改訂版）』（2014）によると，1962年（昭和37年）から「教科書に作詞者として稲垣千穎の名前が明記される」とあります．それでも，作詞者未詳とする場合も多くあり，童謡・唱歌を解説した佐野靖氏による『心に響く童謡・唱歌』（2000）では作詞者未詳となっています．

　稲垣による「蛍の光」の歌詞は，実は4番まであります．しかし現在では，3番以降が歌われることはほとんどありません．3番と4番には，当時の社会的，教育的な内容が色濃く反映されているからです．1番と2番は中国の螢雪の故事が用いられ，努力の末に学業を修め巣立っていく卒業生をたたえ，別れを惜しむという内容になっています．1番と2番は別れの曲ですが，3番と4番は明らかに愛国歌です．したがって第二次世界大戦後，卒業式では1番と2番のみが歌われるようになりました．

　　　　　　「蛍の光」
　1. ほたるの光　窓の雪
　　　書（ふみ）よむ月日　重ねつつ
　　　いつしか年も　すぎの戸を
　　　明けてぞ　けさは　別れゆく

　2. とまるも行くも　限りとて
　　　かたみに思う　ちよろずの

心のはしを　一言に
　　　さきくとばかり　歌うなり

　3. 筑紫のきわみ　みちのおく
　　　海山とおく　へだつとも
　　　その真心は　へだてなく
　　　ひとつに尽せ　国のため

　4. 千島のおくも　沖縄も
　　　八州（やしま）のうちの　守りなり
　　　至らんくにに　いさおしく
　　　つとめよ　わがせ　つつがなく

　歌詞の内容は中国の故事を用いている他，古い表現などが使われ，なかなか凝ったものとなっています．1番の「いつしか年も　すぎのとを」の部分の「すぎ」は「過ぎ」と「杉」，「と」は「十」と「戸」の掛詞です．また2番の「かたみに」は，「互に」の意味の古語です．「さきく」は万葉集時代の古語で，「元気で」の意味です．

　有本（2013）によると，明治10年代の小学校では卒業式がまだ一般化していなかったとのことです．「蛍の光」が卒業式で最初に歌われた記録としては，1882年（明治15年）7月に行われた東京女子師範学校卒業証書授与式があります．その後各地の師範学校の卒業式で，「蛍の光」は歌われるようになりました．そして明治10年代末ごろから小学校でも卒業式が一般化し，「蛍の光」は卒業式の定番曲となりました．

　一方，音楽取調掛は『小学唱歌集初編』に続き，1883年（明治16年）に『小学唱歌集第二編』，1884年（明治17年）に『小学唱歌集第三編』と唱歌を次々に発表していきます．その『小学唱歌集第三編』に収められていた曲の中に，「蛍の光」とならぶ卒業式の定番曲「仰げば尊し」がありました．

V 「仰げば尊し」の作詞者は？

　明治以来「仰げば尊し」は,「蛍の光」とともに長年卒業式の定番曲として歌い継がれてきましたが,実は謎の多い曲なのです.「仰げば尊し」は1884年（明治17年）『小学唱歌集第三編』で発表されましたが,こちらも日本語歌詞の作者が長年未詳と表記されてきました. さらにスコットランド民謡の「蛍の光」とは異なり,原曲そのものもわからない曲です. どこの国の誰が作曲したのかもわからなければ,その曲にどんな歌詞がつけられ歌われていたのかもわかりませんでした.

　原曲をみつける旅に出かける前に,まずこのきれいなメロディーに日本語の歌詞をつけた人物を特定したいと思います.「仰げば尊し」の歌詞を見てみましょう. 3番の歌詞を見るとある類似点が見えてきます.

　　　　　「仰げば尊し」
1. あおげばとうとし　わが師の恩
　　教えの庭にも　はやいくとせ
　　思えばいと疾し　この年月
　　今こそわかれめ　いざさらば

2. たがいにむつみし　日ごろの恩
　　わかるる後にも　やよわするな
　　身をたて名をあげ　やよはげめよ
　　今こそわかれめ　いざさらば

3. 朝夕なれにし　まなびの窓
　　ほたるのともしび　つむ白雪
　　わするるまぞなき　ゆく年月
　　今こそわかれめ　いざさらば

　3番の歌詞には「まなびの窓」,「ほたるのともしび」など「蛍の光」

の1番に似た言葉が登場します．似た言葉が用いられ，どちらの曲も音楽取調掛が担当したという事実から，稲垣千穎本人かその周辺の人物の作詞ではないかと予想できます．当時の文書によれば，作詞の過程において，文部省と音楽取調掛の間でやり取りが行われたようです．そしてさらに当時の記録を調べた結果，稲垣と同じく音楽取調掛に雇用されていた**大槻文彦**（おおつきふみひこ /1847-1928），**里見義**（さとみただし /1824-86），**加部厳夫**（かべいずお /1849-1922）の合議により歌詞が作られたことがわかりました．文部省と音楽取調掛の間で何度も修正が行われ，歌詞は完成したようです．この曲の作詞者はこの3名と言えそうです．その後『小学唱歌集』に収められたため，作詞者未詳という扱いで今日まで来ました．以下の表でここまでの流れをまとめてみます．

表1 「蛍の光」と「仰げば尊し」の比較

	蛍の光	仰げば尊し
原曲（作曲者）	スコットランド民謡	不明
原曲名	Auld Lang Syne	不明
原詞の内容	むかしなじみと再会し，杯を交わしあう歌	不明
日本での発表年	『小学唱歌集初編』 1882年（明治15年）	『小学唱歌集第三編』 1884年（明治17年）
作詞者表記	不詳 ⇒ 稲垣千穎	不詳 ⇒ 大槻文彦, 里見義, 加部厳夫

VI 「仰げば尊し」の原曲を求めて

　明治から平成まで歌い継がれてきた「仰げば尊し」の原曲がわからないということは，とても不思議なことです．作曲者未詳とされたこのきれいなメロディーの由来に関しては，研究者の間でも諸説ありました．まず，「蛍の光」と同様に外国の民謡ではないか，あるいは讃美歌ではないかという意見がありました．しかし，民謡であれば広く知られてい

るはずです.「蛍の光」のメロディーが讃美歌でも使用されるようになったことから（讃美歌370番），讃美歌にも焦点が当てられました.しかし讃美歌にこのメロディーはありませんでした.当時アメリカに留学し西洋音楽教育を受けた音楽取調掛長，井沢修二が作曲したという説もありました.しかし，それを証明するものは何もありませんでした.「ミミファソー」とはじまる8分の6拍子の旋律はとても西洋風であることから，外国曲であろうと推測はされていました.しかし，足掛け3世紀原曲はわからないままでした.

ところが，2011年（平成23年）1月，朝日新聞の夕刊に「仰げば尊し」の原曲発見のニュースが載りました.発見したのは音楽の専門家ではなく，英語学・英米歌謡民謡論を専門とする一橋大学名誉教授，櫻井雅人氏でした.彼はその当時発売されていたアメリカの歌曲集を丹念に調べ，1871年に出版された歌曲集 The Song Echo: A Collection of Copyright Songs, Duets, Trios, and Sacred Pieces, Suitable for Public Schools, Juvenile Classes, Seminaries and the Home Circle に収録されていることを発見しました.

その歌曲集の中で，「仰げば尊し」の原曲には **Song for the Close of School** というタイトルがついています.また作曲は **H.N.D.** 作詞は **T.H. Brosnan** と記載されています.この歌曲集は基本的に初出の曲を掲載しており，旋律も同じで同じ位置にフェルマータが使われていることなどから，これが「仰げば尊し」の原曲であることに間違いはなさそうです.足掛け3世紀の謎が解けたことになります.

筆者もこの歌曲集の復刻版を手に入れ，長崎大学教育学部の福井昭史教授（音楽教育学）とともに，教授がお持ちの1884年（明治17年）発行『小学唱歌集第三編』の「仰げば尊し」と比較してみました.旋律も同じで，どちらもシャープ4つのホ長調で書かれていることから，Song for the Close of School が「仰げば尊し」の原曲であることを確信しました.さらに Song for the Close of School とメロディーの一部が酷似した曲 Snow Angels という曲がこの歌集の中にあることも発見しました.Snow Angels の作曲者欄にも，H.N.D の記載がありました.「仰げば尊し」のふるさとは，やはりこの歌曲集のようです.以下 T.H. Brosnan に

よる英語の歌詞とその試訳を載せておきます．英語の歌詞も「仰げば尊し」と同様，学校を巣立っていく別れの内容となっています．「仰げば尊し」の歌詞とよく似ているのは偶然でしょうか．作詞者3名は，原曲の歌詞の内容を参考にしたものと思われます．

Song for the Close of School

1. We part to-day to meet, perchance,
   Till God shall call us home;
   And from this room we wander forth,
   Alone, alone to roam.
   And friends we've known in childhood's days
   May live but in the past,
   But in the realms of light and love
   May we all meet at last.

2. Farewell old room, within thy walls
   No more with joy we'll meet;
   Nor voices join in morning song,
   Nor ev'ning hymn repeat.
   But when in future years we dream
   Of scenes of love and truth,
   Our fondest tho'ts will be of thee,
   The school-room of our youth.

3. Farewell to thee we loved so well.
   Farewell our schoolmates dear;
   The tie is rent that linked our souls
   In happy union here.
   Our hands are clasped, our hearts are full,
   And tears bedew each eye;

「仰げば尊し」の謎

　　　　Ah, 'tis a time for fond regrets,
　　　　When schoolmates say "Good bye."

　　　「学校を終える歌」
1. 私たちは，今日別れ，ひょっとして再会するのは
　　　　神が私たちを天国に導く時．
　　そして，この教室から私たちは歩み出て
　　ひとりで，ひとりで，さまよい歩く．
　　そして，子供のころから親しくした友達は
　　生き続ける，ただし記憶の中で．
　　しかし，光と愛の神の国で，
　　ついに，私たちはみんな再会できるだろう．

2. さようなら懐かしき教室よ，なんじの壁の内で
　　私たちが，集う楽しみは，もうなくなる．
　　あるいは，朝の歌に声をそろえて歌うこともなくなる．
　　あるいは，夕方の讃美歌を繰り返すこともない．
　　しかし，幾年も先に，
　　愛と真実の場面を夢で見ることになる．
　　私たちの最も優しい（楽しい）思い出はなんじになるだろう．
　　つまり，私たちの若き日の教室になるだろう．

3. 私たちがとても愛したなんじよ，さようなら．
　　私たちの級友よ，さようなら．
　　私たちの魂を結びつけた絆は，今引き離される
　　ここで幸せな団結としての絆は．
　　私たちの手はかたく握られ，こころは満たされている．
　　そして，涙がそれぞれのひとみを濡らしている．
　　ああ，なごりをおしむ時がきた．
　　その時，級友は，「さらば」と言うのだ．

VII それでも残る「仰げば尊し」の謎

　原曲は見つかりましたが，この原曲がどのようにして日本に持ち込まれたのかはまだ謎のままです．可能性としては，当時日本政府に招かれていた Luther Mason がアメリカから持ち込んだことが考えられます．彼は 1880 年（明治 13 年）に日本政府に招聘され 1882 年（明治 15 年）まで滞在しており，『小学唱歌集』の作成にも関わっていたからです．また当時アメリカに留学していた文部省音楽留学生井沢修二が手に入れ，帰国時に日本に持ち帰った可能性もありそうです．すでに述べたように，井沢は帰国後音楽取調掛長として『小学唱歌集』作成の中心的人物だったからです．

　この歌曲集を基に「仰げば尊し」が誕生したのは確かなのですが，当時文部省が買い入れた外国の歌曲集（現在国立国会図書館蔵）の中になく，また音楽取調掛の蔵書目録にもこの歌曲集の記載がないそうです．また，音楽取調掛から音楽教育を引き継いだ東京音楽学校（後の東京芸術大学）の図書館にも所蔵されていません．アメリカの Luther Mason の蔵書にも含まれていないことから，どのような経由でだれが持ち込んだのか，あるいは誰が注文したのかは不明のままです．

　さらにもうひとつの謎がイニシャルで記載されている作曲者です．作詞者である T.H. Brosnan に関しては，ある程度の記録があります．作詞者の Timothy H. Brosnan（ティモシー・H・ブロズナン）は，1838 年ニューヨーク州北部のオグデンズバーグに生まれ，その後保険業界で活躍した経済人です．ところが作曲者の H.N.D. がいったいどんな人物なのか，記載がイニシャルだけなのでわからないのです．またわざわざイニシャルだけで名前を表記したのも，とても不思議です．

　この歌曲集を編集した人物は，Henry Southwick Perkins（ヘンリー・サウスウィック・パーキンズ /1833-1914）という音楽家・音楽教師です．歌曲集の収録曲は 197 ですが，そのうち作曲者 Perkins の記載のあるものは 52 曲あります．イニシャル表記の曲も数曲含まれていますが，その理由はわかりません．歌曲集の曲の約 4 分の 1 を Perkins が作曲し

ているので，H.N.D.とは彼自身の可能性もあります．また当時女性は名前をよくイニシャル表記していたので，女性の作曲家かもしれません．Perkinsのお弟子さんとも考えられそうです．いずれにしても，謎の多い曲です．「仰げば尊し」の作詞者，作曲者が未詳から名前表記にかわるには，まだまだ時間がかかりそうです．

参考文献
有本真紀 （2013）『卒業式の歴史学』 講談社
笠原潔 （2001）『黒船来航と音楽』 吉川弘文館
小笠原真司・Collins, William（2011）『英米人・日本人のこころの歌— 歌で学ぶ英語表現—』 英光社
奥中康人 （2008）『国家と音楽−伊澤修二がめざした日本近代』 春秋社
Perkins, Henry Southwick （1871） *The Song Echo: A Collection of Copyright Songs, Duets, Trios, and Sacred Pieces, Suitable for Public Schools, Juvenile Classes, Seminaries and the Home Circle*
櫻井雅人 （2014）「原曲譜発見と「仰げば尊し」誕生まで」『仰げば尊しのすべて』 キングレコード編，pp.6-13.
佐野靖 （2000）『心に響く童謡・唱歌 −世代をつなぐメッセージ』 東洋館出版

編 集 後 記

　光陰矢の如し、稲田俊明先生に長崎大学言語教育研究センター長に就任していただきはや6年が過ぎようとしています。先生の6年間の功績は、冒頭に廣江先生がお書きになられたように、多岐にわたります。また、センターの教員に対して、研究や教育のやりやすい環境を作っていただきました。私個人としても、これまでにないほど充実した6年間でした。感謝の気持ちでいっぱいです。

　その稲田先生も、2018年3月をもってセンター長の職を退かれることになりました。私は稲田先生への感謝の気持ちを何らかの形で残せないものかと思っていました。そのような時、同僚の廣江先生から今回の本の出版の企画を持ちかけられ、編集担当を依頼されました。稲田先生への感謝を形にするにはとてもよい仕事だと思い、快く引き受けました。これまで私は記念論文集に論文を5回投稿させていただきました。5回という数字が多いのか、少ないのかはよくわかりませんが、これまでの5回は執筆者のひとりとして編集を担当していただいた先生方に大変お世話になりました。今回初めて編集担当を経験することになりましたが、改めて編集作業の大変さを実感いたしました。

　本書はこれまでの記念論文集とはコンセプトを異にする部分があります。一つは純粋な論文集ではなく、各先生がこれまで積み上げられてこられた研究成果を「わかりやすく一般の人々や大学生に読んでもらう」という、ある意味啓蒙書的な一般書を目指したことです。また、稲田先生にお世話になった先生方を中心に原稿を募集いたしましたので、各先生のご専門も言語学・英語学にとどまらず、文学やいわゆる応用言語学の分野まで幅広いものとなっています。一専門分野に特化した本ではなくなりましたが、力作も多く、分野や話題も多岐にわたります。読者のみなさんに、百花繚乱と感じていただければ幸いです。

　ところで、わかりやすい啓蒙書という視点から考えると、私はある先生との出会いを思い出します。それは私がまだ駆け出しの大学教員だったころ、近くの短大に非常勤でお世話になっていた時のことです。その

先生とは毎週非常勤講師室でお会いしていました。かなり年配の先生で、休み時間などは若い非常勤講師の先生たちを集めていろいろと面白いお話をしてくださいました。確かご専門は教育心理だったと思います。その中に今でも心に残っている話があります。

　たまたま大学の授業の話題になりました。するとその先生は「大学の教員の話は難しすぎる。自分の専門の講義内容を小学校5年生にもわかるように話さなければならない」とおっしゃいました。そして、「それができないのは説明する能力に欠けているか、そうでなければ専門家を自負しながら本当は何も分かっていないことだよ」と続けられました。小学校5年生にわかるようにというのは専門分野の内容によっては難しいことかもしれませんが、少なくとも専門家でない一般の人たちや大学生にわかりやすく説明することは大学教員として大切なことだと思います。それ以来、私は英語科教科教育法や応用言語学など講義科目を担当する際、その先生の言葉を大切にして授業を行ってきました。論文の一部を学生に訳させる時には、この先生の言葉をよく引用します。訳がなんとかできても、わかっていない学生はわかりやすい自分の言葉で表現することができません。一方、本当に読みこなし、理解している学生はこれが可能なのです。今回執筆いただいた各先生方にも、この「わかりやすい言葉で」という点は、編集担当者として何度もお願いをしてきました。

　しかしながら、中には論文に近いものもあります。また、エッセイ風にやわらかく書かれたものもあります。この点は、それぞれの先生方の個性ということで、ご寛容のほどお願いいたします。また、稲田先生のご専門は言語学・英語学ですが、すでに述べましたように投稿をいただいた先生の中には違うご専門の方も多々いらっしゃいました。編集者として、執筆要項を作成し体裁の統一をはかり、できる限り啓蒙書に近づくように工夫いたしました。先生によっては表現をやわらかくするように依頼したり、タイトルの変更をお願いしたりもしました。レイアウトの統一も行いましたし、読者のみなさんの便宜のため太字でキーワードを指定したりしました。句読点やセクションタイトルの書き方なども統

一を図りました。しかしながら、基本的にはそれぞれの先生の表現や専門分野の表記法を尊重いたしました。

　論文集ではなく、一般読者や大学生を対象としたいわゆる啓蒙書の出版は、今回の企画を立ち上げた廣江先生のお考えであると同時に、稲田先生自身の御意向でもありました。原稿の募集から査読までは廣江先生が担当され、後半の編集作業は小笠原が行いました。実はこの企画は2016年6月にスタートしました。稲田先生の任期は当初5年間でしたが、多くの教員の希望で1年間延期していただきました。そのため出版は2018年3月といたしました。編集作業は足掛け3年ということになります。主タイトルは、廣江先生がお考えになりました。とてもインパクトの強いタイトルです。副タイトルは私のほうでつけさせていただきました。

　今、なんとかこの編集作業を無事に終えることができ、ほっとしています。編集作業の任に没頭するあまり、この1年間稲田先生がご退職されるさびしさを感じることはあまりありませんでした。しかし、本書に関するほぼすべての作業を終えた今、大変な「稲田ロス」を感じ始めています。本書の完成を暖かく見守っていただき、アドバイスもいただいた稲田俊明先生にこころよりお礼申し上げます。

　最後に、編著者として、執筆者の先生方を含め本書の制作に関わってくださったすべての方々、そして本書の出版を引き受けていただいた英宝社の佐々木元氏と下村幸一氏にこころより感謝申し上げます。本書が広く読まれて、英語学や言語学を始めとして外国語研究のおもしろさを多くの読者に少しでも感じていただけたら幸いです。

2018年2月吉日

編集担当　小笠原　真司

【執筆者紹介（掲載順）】

廣江　顕（ひろえ　あきら）
長崎大学言語教育研究センター教授　英語学

松元　浩一（まつもと　こういち）
長崎大学大学院教育学研究科教授　英語学

谷川　晋一（たにがわ　しんいち）
長崎大学多文化社会学部准教授　英語学、理論言語学（生成文法理論・統語論）

稲田　俊一郎（いなだ　しゅんいちろう）
明治薬科大学英語・言語学研究室講師　理論言語学（生成文法理論・統語論）

徐　佩伶（じょ　はいれい）
淡江大学日本語学科（台湾）副教授　言語学（統語論）

水本　豪（みずもと　ごう）
熊本保健科学大学共通教育センター准教授　言語学

團迫　雅彦（だんさこ　まさひこ）
九州大学大学院人文科学研究院附属　言語運用総合研究センター専門研究員　言語学

隈上　麻衣（くまがみ　まい）
長崎大学言語教育研究センター助教　第二言語習得論

古村　由美子（ふるむら　ゆみこ）
長崎大学言語教育研究センター教授　英語教育学　異文化コミュニケーション論

丸山　真純（まるやま　まさずみ）
長崎大学経済学部准教授　異文化コミュニケーション論

大橋　絵理（おおはし　えり）
長崎大学言語教育研究センター教授　フランス文学

大谷　英理果（おおたに　えりか）
福岡女子大学国際文理学部講師　イギリス・ニュージーランド文学

奥田　阿子（おくだ　あこ）
長崎大学言語教育研究センター助教　英語教育学

小笠原　真司（おがさわら　しんじ）
長崎大学言語教育研究センター教授　英語教育学、言語文化教育学

外国語の非−常識
―ことばの真実と謎を追い求めて―

| 2018年3月5日　印　刷 | 2018年3月20日　発　行 |

編　著　者　ⓒ　小笠原　真司

廣江　顕

発　行　者　佐々木　元

制作・発行所　株式会社　英　宝　社

〒101-0032 東京都千代田区岩本町2-7-7
☎ [03] (5833) 5870　Fax [03] (5833) 5872

ISBN 978-4-269-77056-0 C1082
［印刷・製本：モリモト印刷株式会社］

本書の一部または全部を、コピー、スキャン、デジタル化等での無断複写・複製は、著作権法上での例外を除き禁じられています。本書を代行業者等の第三者に依頼してのスキャンやデジタル化は、たとえ個人や家庭内での利用であっても著作権侵害となり、著作権法上一切認められておりません。